Click シリーズ

エースの品格

一流と二流の違いとは

野村克也

JN236838

小学館

まえがき

「野球とは何か?」と問われることが、しばしばある。私はそのとき、まずこう答えることにしている。「野球とは、団体競技なのだ」と。

そんな当たり前の言葉には、野球というスポーツに対する私の確固たる信念が込められている。すなわち、チームとしての勝利を目指して戦うという、基本的な考え方である。

２００７年9月14日、セ・リーグの首位攻防戦として注目を集めた阪神対中日戦。5対5の同点で迎えた9回表、2死二、三塁の場面で、マウンド上の藤川球児は中日の主砲・タイロン・ウッズに対して、11球続けてストレートを投じた。これでもかと、執拗《しつよう》に同じコースに速球を投げ込む抑えのエースとファウルで粘りながら食い下がる四番打者の対決は、プロ野球ファンの間で「シーズン最高の名勝負」として称《たた》えられもした。

さて、後に私はこの「勝負」を目にしたとき、野球という競技の本質を改めて思い返し、苦渋に満ちた気分となった。

藤川は11球目をセンター前へ弾《はじ》き返され、それが決勝タイムリーとなってチームは大事な一戦を落とすことになる。

このとき、彼は何を考えて同じ球種を投げ続けたのか。投球術のひとつに「打者に何かひとつ警戒心を持たせる」という原則がある。ウッズに対し、十分ストレートを警戒させたのだから、変化球を放れば、おそらくウッズは対応できずに三振、あるいは凡打に終わる可能性が高かった。にもかかわらず、それでもストレートを投げ続けた。そうすることが「プロ野球選手としての使命」とでも思ったのだろうか。野球とは団体競技であり、チームの勝利こそが究極の目標である。ということは、打者を打ち取ることに心技体を集中させることこそ、プロとしての使命ではないのか。

結果的にチームを優勝争いから遠ざけることになったその投球内容は、チームにとってあまりにも身勝手な行為だったと言わざるをえない。いわば「野球の私物化」である。

投手はマウンド上で孤独な戦いを強いられている。しかし、その背後には究極の目標を共に抱く「チーム」が存在することを、忘れてはならない。選手個人のこだわりなど、その前では無価値である。バッテリーを組んでいた矢野輝弘には正しい配球がわかっていたのかもしれないが、性格上それが彼の弱点でもあるのだが、強い意志を持って、自分の判断を押し通すことができないタイプだけに、この愚かな投球に加担して、同罪を負うことになった。

「もし変化球を打たれたら悔いが残る」という台詞《せりふ》もよく耳にする。「変化球もある」という組み立てを無視し、ストレート一本で打者に向かっていく理由づけなのだろうが、これは打たれたときの言い訳を用意しているに過ぎない。もしひとりよがりなストレート一本槍の投球で負けてしまえば、チーム全体が悔しい思いをする。思いどころか、選手全体への年俸にも影響する。

ところが、メディアが「力と力の真っ向勝負」などと曲解して美化するものだから、大きな勘違いがひとり歩きする。力には、体力、気力、そして最も重要な知力がある。そのすべてが充実してこそ、真の力勝負というものが生まれるのだ。いやしくもプロとして生きているのなら、精神論のみを誇張するのは愚の骨頂。そんなことでは、ハイレベルな戦いは望むべくもない。

藤川は、私が阪神の監督に就任した直後のドラフトで、1位指名によって入団した選手である。当時は体が細く即戦力とは言いがたかったため、私が直接指導する機会はほとんどなかったのだが、その後メキメキと実力をつけ、球界を代表するリリーフ投手、リリーフエースに成長した。その間、彼の内面ではさまざまな葛藤《かっとう》や発見があったのだろう。「人間的成長なくして技術的進歩はない」と、私は常々口にしているが、彼の場合もその前提があったからこそ飛躍できたに違いない。

しかし、チームの一員であるにもかかわらず、本来の目標を度外視して個人プレーに走っているようでは、彼を〝真のエース〟と呼ぶことはできない。いったい、何のために自分はマウンドに立っているのか。その意味を問い直すべきだ。

「中心なき組織は機能しない」というのは私の持論である。野球チームにとって中心となるべき存在は、エースであり四番打者のことを指す。彼らは「チームの鑑《かがみ》」となって、組織を牽引《けんいん》し、勝利へと導いていかなければならない。

人はみな、自己愛に満ちて生きている。どんな立場の人間であれ、自らの「欲」を優先させてしまいがちである。野球選手にしても同じことだ。

こんな話をしていると、「個人成績を上げることがチームの好成績につながる」という理屈がよく返ってくるが、それは詭弁《きべん》である。まず組織のために身を挺《てい》する覚悟がなければ、組織そのものが成り立たない。ましてやその中心として働く者は、率先垂範して先頭に立たなければならないのだ。

プロである以上、個人成績が年俸に直接反映する。厳然とした事実だ。チームのことばかり考えていては、最終的に損をするのは自分ではないかという反論も聞こえてくる。しかし、真の中心選手ならば、私利私欲を抑えてもなお、大きな成果を手にできる実力を兼ね備えているはずだ。見るべき人は、ちゃんと見ている。チームが勝利すれば、最も評価されるのは、彼らなのである。そうなって初めて、人は「エースの品格」を彼らに感じる。

私は本書で、エースや四番打者と呼ぶにふさわしい中心選手の資質、彼らが負うべき本当の役割、さらには彼ら「チームの鑑」を育てる指導者の仕事についても考察していきたいと思う。

私は現役時代、四番打者として攻撃の核を担い、一方では捕手という守りの要《かなめ》を託されてきた。さらに、組織を預かる指揮官として、それと同等の年月を過ごしてきた。プロ野球の世界に身を投じて五十余年、チームづくりがいかに興味深いものか、そして野球とはいかにデリケートな「生き物」であるかを、身をもって味わってきた。

突き詰めて言えば、そこは人間学の場であった。

読者諸兄には、私が感じ、思考してきた野球論を通じて、人として生きていくためのヒントを感じ取っていただければ幸いである。

クリックシリーズ　**エースの品格**　目次

装丁／森裕昌
校正／秦玄一
宣伝／後藤昌弘
販売／奥村浩一、永井真士
制作／市村浩一
写真／太田真三（カバー）
　　　共同通信社（P27、P49、P105、P117、P147）
　　　時事（オビ、P15、P18、P88、P110、P175、P187）
協力／佐野之彦
編集／小林藤彦（Kプロダクション）、佐藤幸一

第1章

稲尾、杉浦の凄さ

ウィリー・メイズの筋肉だった杉浦忠

「エースの品格」というと、まず思い出される名前は、私と同年代の大エース、稲尾和久と杉浦忠だ。

杉浦と言えば、オールドファンの方々にはお馴染《なじ》みだと思うが、かつて南海ホークスに君臨した大投手であり、私の戦友であった。

立教大学で長嶋茂雄とともに六大学野球のスターとして人気を博した杉浦は、1958年に鳴り物入りで入団。以来、同い年でもある私と彼は、パ・リーグを代表するバッテリーとして数々の栄光に浴してきた。特にキャリア前半の彼の存在感は他を圧倒していた。ルーキーイヤーにいきなり27勝をあげて新人王、翌59年には38勝してわずか4敗という驚異的な成績でチームを優勝へと導き、日本シリーズでは巨人を相手に4連投、4連勝という快挙を成し遂げたのである。テスト生から這《は》い上がってきた私からすれば、眩《まばゆ》いばかりの存在だった。

当時、南海には速球派というべきピッチャーがおらず、技巧派と言えば聞こえはいいが、要はごまかし、かわしの投球を主体とする面々ばかりだった。それだけに、杉浦の快速球は私に衝撃をもたらした。

私は高校を卒業して、テスト生としてプロ入りしたが、初めて見るプロの投手の球は凄《すご》かった。「これはとても打てんわ」と思ったものだ。そうしたプロの投手の球も、何年か受けているとだんだん慣れてくる。そんなとき、杉浦に出会った。

初めてそのボールを受けた際、サイドスローから繰り出された快速球がミットの直前でビュッと伸び上がるのを感じ、思わず感嘆の声をあげたことを覚えている。

杉浦は華奢《きゃしゃ》な体躯《たいく》で手も小さく、握力も弱い。そのうえブルペンでは軽く投げているのに、あれほどキレのいいボールが来るのは、もちろん下半身の力が強靭《きょうじん》だったからだ。

さらに、下半身の強さもさることながら、杉浦は筋肉の質そのものが他の者と違っていた。

1960年オフに日米野球でサンフランシスコ・ジャイアンツが来日したときのことだ。当時は地方遠征のたびに夜行列車を利用していたのだが、あるとき、同じ寝台車にメジャーを代表する走攻守すべてを兼ね備えたスーパースター、ウィリー・メイズが乗り合わせていた。

通訳を通して野球談議に花を咲かせながらも、私は半そでのシャツから隆々と伸びる褐色の二の腕に目を奪われていた。そして、「ちょっと触れさせてくれないか」という申し出に快く差し出された腕は、皮をつまもうにも筋肉から離れようとしなかった。

日本人とは「カラダのつくり」がこうも違うものかと感心しながら、杉浦のもとへ戻ると、私は彼の腕も試しにつまんでみることにした。すると、その感触はさっき私の指に伝わってきたウィリー・メイズのものとまるで同じではないか。「おまえの体はメイズ並みだな」と、ため息を漏らしたことをよく覚えている。

もともと類《たぐい》まれな運動能力の持ち主で、全身がバネのようで、足の速さもチーム内では抜きん出ていた。天賦《てんぷ》の才に恵まれた肉体は、優勝争いが激化してくると、連日連夜の登板をも耐え抜いた。たとえ疲れていても、肩や肘《ひじ》に張りを感じていようとも、弱音ひとつ漏らさず、鶴岡一人監督の酷使に快く応えて颯爽《さっそう》とマウンドへ駆け上る。いったん味方がリードすると、自分からブルペンへ向かい投球練習を始めていた。

まさに、〝真のエース〟と呼ぶにふさわしい人物だった。

最後の30勝投手、皆川睦雄

杉浦と同時代を南海ホークスで生きたもう一人のサイドスロー投手に、皆川睦雄がいた。

杉浦が華やかな「表看板」だとすれば、皆川は地味な「縁の下の立役者」という印象を

1959年、巨人との日本シリーズで４連勝し、MVPに選ばれた杉浦

与える選手だった。同期入団で年も同じということもあり、私と彼は15年以上もバッテリーを組むことになる。通算の勝ち星では杉浦（181勝）を上回る221勝をマークするなど、総合的に見れば南海の黄金時代を支えた最大の功労投手だったと言える。

皆川は毎年のように二桁《けた》の勝ち星を稼いでおり、計算できる投手ではあったが、問題は左バッターへの対処だった。

当時パ・リーグには張本勲（東映フライヤーズ）や榎本喜八（東京オリオンズ）をはじめ、左の強打者が各チームの中軸を担っており、皆川をことごとく〝カモ〟にしていたのである。私は彼らを打席に迎えるときはいつも、「神様お願いします」と、打ち損じを祈りながらミットを構えていた。

皆川の悩みは女房役の私にとっても同様であったものの、サイドスローであるがゆえに左の強打者攻略は至難の業だった。

彼の球質は、打者の手元でホップする杉浦のそれとはまったく異なり、ストレートそのものが沈み気味であるうえに、シンカーのサインを出すとさらに大きく落ちるという特徴をもっていた。つまり、ボールの回転が杉浦とは反対だったわけだ。その他の持ち球と言えばカーブぐらいのもので、外角の真っ直ぐを狙われるとひとたまりもなかった。このままではいけない。そう考えた私は、皆川にひとつの提案を持ちかけた。

「ピッチングの組み立てとは、すべて相対関係じゃないか。ならば、シンカーを生かすためにも力のある内角球が必要じゃないか」

「いや、俺は威力のある内角へのボールは左打者には投げられないよ」

「それじゃあ、いつまでたっても左打者にカモにされるぞ。受ける俺の身にもなってくれ。いつまで神頼みさせるつもりだ」

「じゃあ、どうすればいいんだ」

遠征先の旅館で相部屋だったこともあり、私は皆川にたびたび攻略術を語りかけた。そうしてまとまったのが、新球の習得だった。

「左バッターの胸元に食い込むような小さなスライダーを覚えられないか」

「わかった。やってみよう」

曲がり方は大きくなくていい。小さく鋭く曲がるボールだ。それから皆川は、翌年のキャンプを通してこの新球に取り組み、オープン戦最後の試合でその成果を試すときがやってきた。後楽園球場の巨人戦。相手は王貞治という絶好のシチュエーションである。

「よし、ここはいい場面だ」

私はマウンドに行き、皆川に言った。

「ここでキャンプの成果を出せ。インサイドいくぞ」

31勝を挙げた1968年の皆川のフォーム

1球目は外角へ逃げの姿勢を見せておいて、ボールカウント0―1からの2球目。予定通り〝小さいスライダー〟のサインを出した。すると、ものの見事に王のバットはグシャッという音をたて、どん詰まりの小フライとなったのだ。皆川はマウンド上でニヤリと笑った。そのときの嬉《うれ》しそうな顔を私は今でも忘れない。

「小さいスライダー」、今で言うところの「カットボール」の完成である。元祖カットボールの生みの親は皆川と、この私なのである。

王をバットの根っこで打ち取った事実は、皆川に計り知れない自信を植えつけた。球界ナンバーワンのバッターに通用したのだ。実際、シーズンに入ってからも、それまで苦手にしていた左打者を面白いように料理していった。

結果この年、1968年に皆川は31勝（10敗）、防御率1・61をマーク。以来、「30勝投手」はプロ野球界に誕生していない。

「省エネ」で長所を失った杉浦

「小事、細事が大事を生む」

野球においても、この言葉は真理を突いている。ほんのわずかな技術的進歩が、やがて自信というエネルギーを湧《わ》き上がらせ、とてつもなく大きな成果へと結実していくことがある。

皆川の場合、変化をプラスに作用させ、見事に好成績へと結実させていった。

ところが、変化がマイナスに作用することもある。逆説的に言えば、「小事が大事を失わせる」ということだ。

入団以来エースの座に君臨していた杉浦は、激しい重労働の影響もあってか、年を経るごとに、持ち球である速球とカーブだけでは打ち取るのに苦労することが多くなってきた。それまで空振りさせていたストレートはカットされ、おかげで球数も増えていった。「前へ飛んでくれ」と願っていても、後ろへファウルされてしまう。

するとある日、杉浦はこんなことを言い出した。

「俺も皆川のようなシンカーを覚えたい」

バッターの打ち気を誘いながら、早いカウントから沈むボールを使って仕留めるのが皆川の持ち味だった。その投法を見て、杉浦は「自分も省エネしたい」と考えたのである。

彼の気持ちはわからないでもない。しかし、二人はまったく違うタイプのピッチャーだ。

私は「やめたほうがいい」と何度も進言した。

杉浦の武器は、手元でホップするキレのいいストレートだ。サイドスローの場合、シンカーを投げるには手のひねりを逆回転させねばならないし、そうすることによって、本来の投球に悪影響が及ぶことを危惧《きぐ》したのである。

「それよりスライダーを覚えろよ」

「いや、どうしてもシンカーを投げてみたいんだ」

私はその熱意に負けて、提案を受け入れた。

悪い予感は的中した。シンカーを放ることで、ストレートの威力が明らかに削《そ》ぎ落とされてしまったのである。

野球に限らず、スポーツ全般に言えることだろうが、ひとたび感覚機能を失ってしまうと、元通りに矯正することは不可能に近い。腕から指先にかけての微妙な感覚の変化が、ボールからキレを奪い取ってしまったのだ。

もし杉浦があのとき、沈む球にこだわらなければ、勝ち星は確実に増えていただろう。彼の功績やそれに対する評価はいささかも揺らぐものではないが、この一件についてのみ、思い返すならば悔やんでも悔やみきれない。

意識すべきは〝腰〟

50年代から60年代にかけて、私は数多くの名投手としのぎを削ってきた。「一流が一流を育てる」の言葉どおり、私がプロ野球選手として成長できたのも、彼らとの対戦があったからこそである。分業制やローテーションが確立し、特定の選手に負荷がかかることがなくなった現代とは異なり、主力とされる投手は、先発すればほぼ完投が当たり前だった時代である。

阪急ブレーブスの米田哲也、梶本隆夫、足立光宏には苦しめられた。

通算350勝を誇る米田は、通算勝利数歴代2位（1位は金田正一）の成績が示すとおり、エースで「チームの鑑」というべき投手だった。特に彼のストレートには手を焼いた。

また、ピッチングの幅を広げるためにフォークボールの習得に励むなど、努力の人でもあった。

そして、さらに手を焼いたのが梶本だ。彼の球を初めて見たときは、「どないして打つんや」と思ったほどだ。ストレートの速さとキレはもちろんのこと、カーブも絶品。ブレーキがあって、変化が大きい。高卒ルーキー1年目にして開幕投手に指名され、勝利投手にも輝いた。南海は公式戦で彼から連続9三振の屈辱も味わっている。彼とは同期生だが、「本当に俺と同じ年か」と驚嘆したことを覚えている。

アンダースローの足立も「チームの鑑」というべき投手だった。実力もさることながら、とにかく努力家で、肩の故障からストレートの威力が落ちたときには、新たな武器を得るために独学でシンカーを習得したと聞く。そんな彼の野球に対する真摯《しんし》な姿勢は、70年代から80年代にかけての阪急黄金時代のエース、山田久志に好影響を与えた。

また、東映フライヤーズには土橋正幸、大毎（1964年から東京）オリオンズには小野正一というエースが君臨していた。みな、よきライバルたちであり、切磋琢磨《せっさたくま》することで互いを進化させていった。

なかでも、南海ホークスと西鉄ライオンズとの攻防は、その時代のパ・リーグにおいて最も熾烈《しれつ》を極めた。西鉄には稲尾和久、西村貞明、河村英文、池永正明らが我々の前に立ちはだかった。このチームの強みは、強力な打線もさることながら、力のあるピッチャーが複数いたことでもあった。「黒い霧事件」で永久追放処分を受けた池永も、その力は本物だった。運動神経、反射神経は杉浦以上で、もし野球をやらずに陸上をやっていたとしても、必ずオリンピックに行けたと思えるくらい天賦の才に恵まれていた。とはいえ、ビンボールの常習犯としても有名で、スポーツマンシップに反するところがあり、性格面に問題があった。善悪の判断ができないとでも言うべきか。これでは、「チームの鑑」になることはできない。そこが〝真のエース〟だった稲尾や杉浦との大きな違いだ。

2007年に亡くなった稲尾和久が不世出の大投手であったことは、もはや多言を要さないだろう。彼は杉浦や後に現れる江夏豊のような快速球、剛速球の持ち主ではなかった。体にバネを感じるわけでもなければ、足が速かったわけでもない。その素晴らしさはコントロールのよさにあったのだ。

オールスター戦でバッテリーを組むたびに、私はその神がかり的な制球力に舌を巻いた。ブルペンで私が構えていると、彼はいつもこう告げてきたものだ。

「ノムさん、ミットは動かさないで」

その通りにしていると、数センチのぶれもなくボールがやってくる。スピードにすれば

140キロそこそこではなかったろうか。速くはない。しかし、恐ろしくキレのいいストレートがミットめがけて飛び込んでくるのだ。

「キレ」という言葉は、厳密に説明のつかない感覚的な描写である。稲尾の投球はキャッチャーの捕球時に「パーン」と小気味よい音を発する。キレのない死に球は、ブシュッという濁った音を出す。たとえスピードガンが150キロを表示しようと、簡単に打たれてしまうのはそのためだ。現在の楽天で言えば、一場靖弘がその悩みを抱えている。0コンマ数秒の間で起こるわずかな「違い」が、ピッチャーのレベルを左右する。「ミットはウソをつかない」のである。

一般的には、コントロールとキレを別々に論じる向きもあるようだが、それは間違っている。コントロールをつけることは、すなわちキレを磨くことと同義だ。キレの悪いボールしか投げられないピッチャーは、おしなべてノーコン揃《ぞろ》いである。

では、キレのいいボールを投げるためには、どうすればよいのか。

近頃では、「腕を振れ」というアドバイスが蔓延《まんえん》しているようだが、これはいったいどうしたことか。多くの投手が「今日はよく腕が振れました」などと試合後に語っていたりもする。なぜ腕に意識がいくのか、私にはとうてい理解できない。

コントロール＝キレは、体のバランスが生命線である。ならば、上下半身、左右半身のバランスをとるために、まずはその中心である「腰」を意識するべきではないか。

人間誰しも、下半身に比べて上半身を優先的に使いこなしているはずだ。無意識に体を使えば強い部分が勝り、弱い部分がなんとかそれについていこうとするのは当然だ。腕などは放っておいても器用に反応できる部位であり、意識させる必要などない。腰を中心とした投げ方をすれば、腕は振れる。腰が安定していれば、いいピッチングができるのである。

そういう観点から見ると、五十余年のプロ野球人生のなかで、稲尾こそ私がこの目で見た最もバランスのとれたピッチャーだった。その下半身をつくりあげるために、どれほどの努力、鍛錬があったかは想像を絶する。一説によれば、少年時代に小舟の上で櫓《ろ》を漕ぎながら、バランス感覚が自然と養われたとも伝えられている。いずれにせよ、球史に残る偉業は「腰の安定」がもたらしたのである。

私は入団1年目で解雇を言い渡された

一流は一流を育てるばかりではなく、ときとして、野球界に大きな財産をもたらしてくれる。

私は1954年にブルペン捕手として南海ホークスへ入団した。「カベ」といわれる、ろくに名前も呼んでもらえない末端の選手であり、1年目のオフ、「おまえにはプロでやっていける見込みはない」として早々に解雇を言い渡されもした。

使ってもらってできなかったなら、仕方ない。使ってもくれず解雇とは、私は悔しくて悔しくて、「なぜですか」とくってかかった。「プロの目で見ると使いものにならんとわかるんじゃ」と言われた。

しかし、必死の思いで頼み込みこの世界に食らいついた私は、それから人の何倍もの素振りを重ね、手のひらをまめだらけにして這い上がっていった。

ようやく一軍レギュラーの座を確保し、打線の中心を任されるようになった私の前に現れたのが、稲尾和久である。絶妙にコントロールされたストレートとスライダー、カーブのコンビネーションに、私はいとも容易《たやす》くひねられ続けた。鶴岡監督には、「おまえは安物の投手はよう打つけど、一流は打たんのう」と、嫌味を言われた。

悔しかった。なんとしても攻略したい――

その一念で、稲尾の投球を16ミリフィルムに撮り、血眼《ちまなこ》になって研究した。すると、振りかぶったとき、グラブの合間から見えるボールの面積が投球によって変化することに気がついた。つまり、クセを見抜くことに成功したのである。

強い腰が抜群の体のバランスを生み、絶妙な制球力を発揮した稲尾

球種はともかく、内外角の投げ分けはこれによって九割方予測がつくようになった。内角のストレート、あるいは外角の変化球を打ち砕き、私は一挙に打率をアップさせていく。今まで打ちとっていたボールを痛打された稲尾は、不思議そうにマウンドで首をひねっていた。

力では敵《かな》わない、技術では先をゆく相手に対して、どうやったら勝てるのか。思考を重ねた末、クセという情報を元にその突破口を私は切り開くことができた。それまでのプロ野球では、相手のクセを盗むなどという発想がなかった。

やがて私が標榜《ひょうぼう》することになる「データ野球」の第一歩は、この瞬間にあった。それは私だけにとどまらず、その後のプロ野球界にとっても、極めてエポックメイキングな発見だったと自負している。

「人間は考える葦である」

当時、南海ホークスは他球団に先駆けて「スコアラー」というポジションを設け、選手の分析にあたらせていた。担当は元毎日新聞運動部の尾張久次さんだった。

当初は契約更改時の査定のために自チームの選手の資料を作成することが目的だった。

データの重要性に目覚めていた私は、尾張さんのもとを訪れ、その資料を「戦力」に転換できないか相談をもちかけた。鶴岡監督も彼からそのアイデアを伝え聞き、同意してくれたのだろう。以来、スコアラーは我々現場で戦う者たちにとって大きな援軍となっていったのである。

相手の情報を対戦に先立って入手することが当たり前となって久しい。しかし、60年代後半のプロ野球においては、まだまだ精神論、技術論（曲解されたものがかなり多かった）ばかりが幅を利かせ、敵情を探るなどという「情報戦」の発想は皆無であった。

私は常々マスクをかぶりながら、味方のピッチャーにどのようなボールを投げさせるべきか、配球に苦心する毎日だった。何かいい解決方法はないものかと考えを巡らせているうちに、「自分がこれだけ苦しんでいるのだから、きっと相手のキャッチャーも同じに違いない」という思いに達したのである。

ならば、敵のピッチャーの持ち球を彼らはどう使いこなしているのか。また、いかなる意図でサインを出しているのかを先んじて知ることができれば、絶対に優位に立てると確信した。

なぜ、もっと早くそのことに気がつかなかったのか、と。

稲尾攻略のきっかけは、クセを見抜くことにあった。そのために、ビデオのなかった時代、友人に頼み込んで、バックネット裏で16ミリフィルムを回して彼の投球フォームを映像に残し、がむしゃらに分析した。それはあくまで個人的な作業であったわけだが、そこへスコアラーの協力が加われば、鬼に金棒も同然である。

プロ入り以来、私はどうしてもカーブが打てずに悩んでいた。打席に立つと、口の悪いファンから、「おい野村、カーブのお化けがくるぞ」とヤジ飛ばされるほど苦手にしていた。次にカーブがくることがわかっていれば、どれほど楽になるだろう。

もうおわかりのとおり、私は相手ピッチャーのクセ、バッテリーの配球傾向という「情報」を手に入れて、その化け物を退治したのだ。つまり、自信をもってヤマを張ることができるようになったのである。

その頃は「ヤマを張る」という行為は恥だ、という風潮が大勢を占めていた。みなヤマを張ることに否定的で、堂々ときた球を打ち返せというのが、正しい指導法とされていた。鶴岡監督から、「ようボールを見て、スコーンといけ」というアドバイスを何度聞かされたか知れない。

イチかバチかで球種とコースを限定するのなら、動物的な勘を頼りにプレーするのと変わりはない。私が言う「ヤマ」とは、情報分析に基づいた根拠ある予測なのだ。よって私は現役時代、八割以上の確率で的中させる自信を得た。プロ野球70余年の歴史において、ヤマを張らせたら私の右に出る者はおそらくいないだろう。

監督になってからも、私は選手たちに「打てないならヤマを張って打てよ」と言っている。プロ野球はリーグ戦であり、シーズンをトータルで制した者が勝者となる。ひとつの失敗は後の成果を生み出す糧と考える。したがって、きちんと分析と準備を行なって打席に立っていたのなら、たとえ3球三振でベンチへ帰ってこようと怒りはしない。その結果を次に生かせばよいだけだ。何も考えずにヒットを打つよりよほど有益だからである。確率の高いほうを選択する考え方である。

このように、気力、体力だけの戦いから野球を脱皮させてくれたのが、稲尾をはじめとする、同時代を生きたエースたちだった。彼らは常に私を窮地へと追いやり、そして奮い立たせてくれた。旧来の野球を漫然と続けていたなら、けっして打ち破ることのできなかった壁。その存在こそが知力という最大の武器を生み出す契機となったのである。

「人間は考える葦である」とは、フランスの哲学者パスカルの言葉だ。

我々の尊厳はすべて思考のうちにある――

野球においても、その真理は揺るぎない。

第2章

勝者と敗者の分岐点

破天荒だった選手たち

私は京都の片田舎で育ち、無名の高校で注目もされぬまま野球に打ち込む日々を過ごした。当初は社会人野球へと進み、勉強をして母校・峰山高校へ戻り、監督として丹後地方から初の甲子園出場を果たすことを目標としていた。

プロ野球選手になろうなどとは、夢にも思っていなかった。

しかし、大病を患った母を楽にしてやりたいという思いから、プロの世界を夢というより現実としてとらえ始め、兄の助力もあって滑り込むことができた。

高校時代から野球に対する知識欲は人一倍抱いていたつもりである。昭和20年代と言えばテレビもなく、現代からは想像もできないほど情報不足の時代。書店をのぞいても野球の専門書など皆無に等しかった。そこで、やっとの思いで探し出した『打撃論』(松木謙治郎著)という本を食い入るように読みふけり、初めて野球理論に「基本」と「応用」があることを知った。私は自分が無知無学であることを改めて自覚し、このままではいけないと感じたのである。

それだけに、プロ野球に対する畏《おそ》れは甚だしかった。野球を飯の種にしているのだから、先輩たちはきっと24時間野球漬けの日々を送っているに違いない。自分もどんどん知識を吸収し、「野球博士になってやろう」くらいの意気込みで門をくぐったのである。

ところが、現実は私の予想を大きく裏切るものだった。

合宿所からは毎晩ネオン街へ繰り出す。遠征先では球場から宿舎へ直行して、マージャン卓の奪い合いが始まる。出てくる話題と言えば、「飲む、打つ、買う」のオンパレードで、ときにはそれが元で大喧嘩《おおげんか》が始まる。二軍戦で熊本県にある海辺の温泉地に行ったときは、旅館に到着するやいなや窓からスッポンポンで海へ飛び込み汽車の煤煙《ばいえん》で汚れた体を洗い、夜は芸者さんを部屋に連れ込み……これ以上は筆舌に尽くしがたいので控えるが、ともかく、品格のかけらもない乱行の連続。私はただただ唖然《あぜん》とするばかりだった。

おそらく、他の球団も似たり寄ったりではなかったろうか。プロ野球の生みの親でもある正力松太郎さんが「巨人軍は紳士たれ」というキャッチフレーズを唱えたのも、あまりに社会常識を逸脱した傷風敗俗《しょうふうはいぞく》の状況を戒めるためだったのではないかと、私は推測している。「せめて巨人だけは」と、願ってのことだろう。遠い過去の話とはいえ、球界の恥部をさらすようで心苦しいのだが、ことほどさように、プロ野球という世界には野球は滅法うまいが品のない連中がゴロゴロいたのである。

敗戦から間もなく、社会秩序がまだ整っていなかった時代ではある。自分の腕一本が頼りの明日をも知れぬこの世界は、今よりずっと一般社会と隔絶された空間だったのかもしれない。

しかし、その環境は私に願ってもないチャンスを授けてくれた。

まわりはみな、アマチュア球界のエースや四番ばかり。当然、プライドもあれば自信もある。その慢心が野球以外の誘惑に導かれる原因となったのだろう。それにひきかえ、私は「十把《じっぱ》一絡《ひとから》げのテスト生」の一人として入団した身であり、彼らに追いつき、追い越す方法は努力しかない。そう感じた私は、連日連夜、素振りを繰り返し、手はいつもまめだらけ。先輩たちが遊んでいる間も、ここぞとばかり、力をこめてスイングを続けた。死に物狂いで練習すればなんとかなる、という期待感をチームが与えてくれたのである。

エースは「生きる教科書」

人間社会において、天才型と呼ばれる人物はほんの一握りにすぎず、その大半は努力型が占める。プロ野球とて同じこと。いや、たとえ天才であれ、その才能だけで成功を収める選手は皆無に等しい。

もちろん、単純な作業を続けることは簡単ではない。素振りなんておもしろくもなんともないし、ただつらいだけである。しかも即効性はないから、いつになったら成果が現われるかわからない。それでも私が持続できたのは、故郷へ錦を飾りたい、母親を少しでも楽にさせてやりたいという思いが支えとなったからだ。夢と目標を明確にして、自分の意思で行動してきたのだ。

　ところが、最近はキャンプをしていても、夜間に率先して素振りをしている選手など、ほとんどいない。夜間練習といえば、強制されてやるものだと思い込んでいるフシさえある。私からしたら、そんなものは努力とは言えない。無意識にバットを振り、球数を投げ込むことに何の意味があるというのか。

　それでは機械と同じだ。人間のやることではない。

　昔も今も、プロに入ってくる選手は子供の頃からお山の大将で過ごしてきたせいか、考える力が養われていないことが多い。肉体的にはもちろん、精神的にも十分なエネルギーが眠っているはずなのに、そういう姿を見ると私はイライラさせられる。「金持ちになりたい」「いい暮らしがしたい」と、漠然たる夢はみな抱いているに違いないのだが、ただ抱いているだけで、どのように努力すればいいのかわからないのである。

　それでも、レギュラーになっていく選手は努力を続けることができる。結果が出たことに対して興味が湧《わ》き、それが好奇心へと発展するからだ。好循環が生まれるのである。

逆に結果が出ない者は、忍耐力が切れてしまう。「根気よく、粘り強く」などと口にするのは簡単だが、そうはいかない。人間は壁にぶつかると、都合のいい理由を見つけて自分を騙《だま》し、納得させ、あるいは逃避してその場をしのいでいくものだ。そこからはもはや努力は生まれない。

努力をしても結果が伴わないことはいくらでもある。

しかし、努力するにもセンスが必要なのだ。センスは「感じる」「考える」ことで磨かれる。監督やコーチは「気づかせ屋」であり、本人にその資質が認められた場合は、その努力に対してプラス志向のアドバイスを送る。

それはほんの些細《ささい》なことでもいい。

私は入団直後、合宿所で行なわれた「手のひら検査」で、二軍監督に褒められたことがあった。それは、年に1、2回、練習量をチェックするために行なわれる儀式のようなものだ。

初めての検査のときだった。監督が私のまめだらけの手を掲げて、「おい、これがプロの手だ。よく見ておけ」と言ってくれたのだ。その言葉は、私の意思をさらに強固にしてくれた。努力することに興味が湧き、いっそうまめづくりに励んだのである。

また、方向性を決めさせることも、気づかせ屋としては大切なアプローチだ。その選手の特長はいったい何なのかを見極め、今までとは違ったアピールができないか模索させる。プロ野球選手は「商品」なのだから、自分を高く売るためのセールスポイントをはっきりさせておかねばならない。

私はヤクルトスワローズの監督時代、飯田哲也をキャッチャーから内野手、さらには外野手へと転向させたことがある。

就任早々、メンバー表を手にした私はいったんポジションを白紙にして、自分の目で彼らの適性をはかった。飯田はプロ入り4年目で、その前年には20試合以上でマスクをかぶっていたのだが、足の速さ、運動能力の高さを見て、適材適所を施したのである。

みなさんご承知のとおり、彼は一番・センターとして、その後のスワローズにとって不可欠な存在となっていくのである。

「先入観は罪、固定観念は悪」であると、私はことあるたびに唱えている。選手たちには「自分の可能性を自分で限定するな」と言いつけてある。「どうせ俺はこんなもの」と思ったとたん、現状維持どころか人間の力は落ちていく一方だ。また、ちょっといい成績を残したからといって満足してしまう者にさらなる成長はありえないし、ほどほどの立場で妥協する選手に将来性はゼロである。

「満足、妥協、限定」は、プロ野球選手にとって三大禁句なのである。

もちろん、これらはチームの鑑とされる男たちには無縁のフレーズだ。不断の努力と野球に対する妥協なき姿勢は、同じ現役として、他の選手にはダイレクトに好影響が及ぶ。最近の例で言えば、阪神タイガースの金本知憲があげられよう。2003年、彼一人が加入しただけで、阪神はチーム内のムードが一変したではないか。

実績十分のベテランが若手以上に自らの可能性を探り日々精進する姿は、生きる教科書とも言える。その域に達した者が、そのチームにとっての「エース」といえる。監督がミーティングでいちいち説教するより、何十倍もの効果があるわけで、それが監督にとっても一番望ましいチームの姿なのである。

「何のために野球をしているのか」

楽天イーグルスの春季キャンプは、沖縄本島から西に100キロほどの離島、久米島で行なわれている。地元住民の方々との交流イベントは毎年恒例となっており、私が監督に就任して3年目の2008年もまた、小学生たちとの交歓会が開催された。

イベントの最後に、質疑応答の時間が設けられていたのだが、子供というのはときにドキリとする質問を投げかけてくる。

「野球って、どういうスポーツですか?」

「どうしたらうまく打てるようになりますか?」

これは、私が何度もミーティングで語りかけてきた内容に通じるものがあると思った。

そして、いかなる答えを選手たちが返すのか楽しみにしていたのだが……。

出てきた言葉といえば、「よくわかりません」「練習すればいいんじゃないですか」と、砂をかむような味気ないものばかり。テレもあったとはいえ、「もっと気の利いたことを言え」と口を出したかったのだが、グッとこらえた。

考える力が備わるまでには、まだ時間がかかるのだろう、と。

私は新人選手たちにこのような問いをぶつけることがある。

「おまえは何のために生まれて、何のために野球をしているんだ?」

ほとんどの者が「考えたこともありません」と心細げにつぶやく。

そこで私は、持論をもって「この世に生まれてくる意味」を話しかけるのだが、最後は自分の頭で考えろと伝える。なにも四六時中考える必要はない。一度でいい。それがきっかけとなり、「思考」が始まればよいと思っている。

人は家庭や学校で教育を受け、ひととおりの知識と情操を身につけて社会へと巣立っていく。環境によってさまざまではあるが、人としての基本的な準備を整えて新たな一歩を踏み出すわけである。

私は、本当の人間教育はそこから始まると考えている。仕事を通じて人間は成長し、成長した人間が仕事を通じて「世のため人のため」に報いていく。それが人生というものではないか、この世に生まれ出てくる意味ではないだろうか、と。

ならば、野球という仕事を選んだ以上、ただ単にレクリエーション感覚で取り組んでもらっては困る。チームのために働けない人間が、世のため人のために報いることなどかなうわけがない。まずは野球によって自分がいかに成長し、どうやったらチームのために生きていけるかを考えること。それがひいては、豊かな人生へとつながっていくのである。

人間の心は自己愛に満ちている、と冒頭で書いた。自分がかわいいのは誰しも同じことであり、避けることのできない「業」とも言える。しかし、そこから生み出される「欲」は、社会や組織（チーム）にとっては百害あって一利なく、最終的に自らもしっぺ返しを食らうことになる。まさに、因果応報である。

「欲から離れろ」

ここに、その一例をひいておく。

1992年10月、私はヤクルトスワローズを率いて、西武ライオンズとの日本シリーズを戦っていた。

初戦をシリーズ史上初となる杉浦亨の代打サヨナラ満塁ホームランでものにしたスワローズは、劣勢との前評判にもかかわらず一進一退の攻防を繰り広げた。第6戦までのうち、4試合が延長戦という緊迫した展開となり、屈指の名勝負と後に評されることになる戦いだった。

そして、ついに勝負は最終第7戦へと持ち込まれた。我がヤクルトは岡林洋一、西武は石井丈裕の先発で試合は始まり、両投手の好投で7回表まで1対1の同点で進行していた。続く7回裏、一死満塁のチャンスを我々はつかんだ。ここで勝ち越せば日本一が見えてくる。打順は8番打者のパルデス。私は迷わず代打、杉浦を告げた。初戦で勝利の立役者となった男である。

当然、マウンド上の石井は慎重になり、いよいよツースリーのフルカウントにまでもつれ込んだ。相手の内野陣を見ると、やや浅めのダブルプレー陣形で打球判断の態勢をとっている。狙い球も決めやすい状況になり、ストレート一本狙いの局面だ。杉浦もそれはわかっていた。そして注文どおり、石井はストレートを投げ込んできた。

自分の一打でシリーズの行方が決しようかという状況において、平常心を保てというのは無理である。

自分のバットで試合を決めてやる――

そういうポジティブな意欲をもって勝負の場へ向かうことも、私は否定しない。「打てなかったらどうしよう」と、ネガティブに発想するよりはよっぽどましだ。不安は判断力を鈍らせ、墓穴を掘る大きな要因となるからだ。ただし、自己愛から発した「欲」だけは、打席に立ち、バットを構えた瞬間に捨て去らねばならない。

結果はみなさんのご記憶にあるとおり、やや高めの甘いストレートを叩《たた》いた杉浦のバットはグシャッという鈍い音とともに折れ、一、二塁間に転がったボールをセカンドの辻が捕球してすぐさま本塁へ送球し、突入した三塁ランナーの広沢克己（1995年まで克己、96～98年克、99年以降克実）が憤死するという結果に終わった。

このときの広沢の走塁に関しては、私自身も作戦面において大いに反省させられたのだが、本筋から外れるためここでは割愛する。

ここで言いたいのは、杉浦の心理についてである。

私はベンチに帰ってきた杉浦に対して、「第1戦のサヨナラ満塁ホームランが頭に浮かんだんじゃないか」と問いただしたところ、彼は苦笑いを浮かべた。

狙いどおりのストレートがきて「しめた」と思い、結果が脳裏をよぎったのである。そのため、目がボールから離れるのが一瞬早くなり、力みすぎてバットがボールの上っ面に当たり、ゴロになってしまった。楽に犠牲フライを打てる高めのコースだっただけに、悔やんでも悔やみきれない結末となってしまったのである。

「繊細かつ大胆」という心理は、野球のあらゆる場面で必要になってくる。ここ一番というときには、特にそのバランスは重要だ。杉浦の場合、「夢よもう一度」と思い描いた瞬間に繊細さはどこかへ吹き飛んでしまい、欲と大胆さだけが体を突き動かしたのだ。

心から繊細さを奪い取ったのは、まぎれもない「欲」である。

「おまえ、喜ぶのがコンマ1秒、早すぎたぞ」

私は杉浦にそう言った。

余計な「欲」は、ほんのわずかなズレとなって組織から勝利を遠ざけ、自分自身から成功を奪い取るのだ。

この試合、結局、秋山幸二に決勝犠牲フライを打たれ、我々は敗れ去ったのである。

欲から入って、欲から離れる――

人生最大級のチャンスが目の前にぶらさがったとき、その心の切り替えができるか否かで、明暗が分かれる。

たとえよこしまな「色気」が心に湧いてこようとも、その気持ちを自然にコントロールできなければ、好結果は生まれない。チャンスはあっという間に自分の手からこぼれ落ちていくことになる。

たしかに、本当の修羅場をくぐったことのない人間に、「欲から離れろ」と命じても、それは酷な要求かもしれない。いまだかつて経験したことのない〝ごちそう〟を差し出されたら、たいていは我を忘れて飛びついてしまうだろう。

杉浦は20年以上もの間、プロの世界で飯を食ってきた超ベテランとはいえ、弱いチームに長くいたせいか、経験という糧を蓄えてくることができなかった。経験は思考を生み出す大きな要素であり、残念ながら、私にはその穴を埋めるだけの教育を授けることができていなかった。

日本シリーズという大舞台で、私は「人づくり」の大切さ、難しさを改めて思い知らされたのである。

私が標榜する野球は「プロセス野球」である。結果よりも過程に重きをおく、という意味だ。結果を軽んじているわけではない。逆に、結果がほしければほしいほど、そこにいたるまでの内容を第一義的に考えなくてはならない、と言いたいのだ。

「人間的成長なくして技術的進歩はない」

私がよく持ち出すこのフレーズもまた、プロセス野球の一環である。天性の才能だけを頼りにプレーしていると、いつか必ず行き詰まる。そのとき、「感じる力」「考える力」を養っていなければ、その闇の中から抜け出す術《すべ》は見つからない。

すなわち、個々の過程を大事にし、小事細事に気がつく人間のほうが、終わってみればチームに勝利をもたらし、自分も好成績を残していく。やがては「チームの鑑」となって組織に好影響を与え、他の選手の目標となって新たな「鑑」を再生産していくのである。技術的な成果は、人間性を磨くことで初めて手に入るのだ。

プロセスをかたちづくる中心には、「思考」がある。それは、人間という生き物にしか備わっていない崇高な能力である。

思考が行動を生み、習慣となり、やがて人格を形成し、運命をもたらし、そして人生をつくりあげていく。

ようするに、思考即《すなわ》ち考え方は人として生きていくうえでの起点となる概念であり、教育し、経験を積ませることでその重要性に気づかせることが「育成」の基本である。

江夏こそ最高の速球投手

ただ、一人の指導者ができることは、ほんのわずかでしかない。それは、対象となる人間の内面を触発し、正しい方向へ自らが歩みだすよう促してやることだ。

私がここで思い出すのは、江夏豊のことである。

１９７６年、トレードで阪神から南海へやって来た江夏は、相当に落ち込んでいた。

「まさか、この俺を放出するとは……」

人気球団の花形ピッチャーだった彼は、そんな気分を引きずったまま、兼任監督である私のもとへやってきた。

阪神時代の江夏は、先発投手として傑出した力を発揮していた。プロ2年目の１９６８年にはシーズン４０１奪三振の世界記録を打ち立て、71年のオールスター第１戦（西宮球場）では、パ・リーグの強打者たちから空前絶後の９連続三振を奪うなど、日本球界を代表する豪腕として、天下にその名をとどろかせていた。後に江川卓がオールスターで江夏の記録にあとひとつと迫る８連続三振を奪っているが、彼と江夏とではものが違う。江川

1971年オールスター第１戦、パの強打者たちを９連続三振に打ち取る

もいい投手であることは間違いないが、江夏はストレートで三振をとれる投手なのだ。ともかく、そのパワーは異次元のものだった。私が長い野球人生で目の当たりにした最高の速球投手は、紛れもなく江夏豊である。彼を上回るスピードボーラーは右にも左にも、後にも先にも存在しないと思っている。こう言うと、「戦前の沢村投手が一番速かった」と言う人がいたが、私は見てないのでわからない。また、「400勝投手の金田の速球が一番だった」と言う人もいるが、カネさんとはリーグが違うので、ほとんど対戦したことがない。私は、カネさんの最盛期の真剣な速球を体験していないのだ。もちろん、カネさんが真のエースであったことは間違いないが。

話は江夏にもどる。彼のストレートの威力は年々衰えており、南海にやってきた頃は長いイニングを任せられる状態ではなかった。そこで私は、思い切ってリリーフへ転向させることを決断し、その旨を江夏に通告する。

その時代、リリーフ投手の地位は先発に比べて低かった。いわば二流の働き場所という見方が一般的だったのだ。当然、江夏は反発した。

「阪神を追い出されて恥をかかされたというのに、そのうえリリーフに回わしてまた恥じをかかす気か！」

彼は面と向かって私にこう言い放った。

エースとして君臨してきた者として、ましてや人一倍プライドが高く、人気球団で甘やかされてきた男だけに、ある程度の難儀は予想していたが、これは予想以上に手こずるだろうと感じた。

江夏には南海で中心選手になってもらわねばならない。だからこそ、獲得したのだ。私は根気強く粘りに粘って、リリーフ転向を勧めた。

「近い将来、必ずピッチャー分業制の時代がやってくる。先発完投なんて考え方はどこかへ消えてなくなり、新しいシステム化が始まるよ」

と、弁を重ねて説得した。

そして、ふとした拍子に次の言葉がついて出た。

「おまえ、リリーフの分野で革命を起こしてみろ」

すると、それまでふくれ面をしていた江夏の顔が一瞬ゆるんだように見えた。

「革命か……よしわかった。やる」

その言葉は彼の心底にあるプロとしての矜持《きょうじ》をくすぐったのだろう。それ以後、腫《は》れ物がとれたように晴れ晴れと、リリーフ投手としての仕事に邁進《まいしん》するようになったのだ。

実際、「革命」という言い方は大げさではなかった。その後、抑え投手の地位は見直され、分業システムの確立がなされていく。江夏はその先駆けとして堂々と道を切り拓き、野球界に多大なる貢献を果たすことになる。

私も江夏という一人の人間を通じて、変化がもたらす、「人づくり」の真髄を勉強させてもらった。

この「変化」という二文字は、思考を起点とする私の野球論を補強する重要な一要素となっていく。

人間社会は日々変化の連続である。当然のごとく、野球選手にとっても同じことが言える。思い返せば、私がこの世界に入ってまず突き当たった壁が「変化球への対応」だった。なにしろ、「カーブを打てないノ・ム・ラ」と野次られるほどのヘタクソだったのだ。そして、相手ピッチャーのクセを探り当て、そのデータを基に配球分析を重ねてそのハードルを越えることができた。

以来、変化に対する傾向と対策は、データ野球へと昇華していく。

変化をいかにしてとらえ、対応していくか。それが私の野球人生であった。そのこだわりが、間違いなくこの世界そのものを「変革」する原動力になってきたと、自負している。今では私の主張に反旗をひるがえす人はほとんどいなくなったが、データを活用し、情報を武器に戦うというやりかたは、当初まったく顧みられることはなかった。

「改革なくして前進なし」とは、どこかで聞いたようなセリフだが、まさに私の周りは抵抗勢力ばかりだった。

しかし、勝負の世界は変化をいち早く察し、先んじて改革した者が圧倒的に有利な立場に立つ。予期、探知しながら変化を楽しめるようになれば、こちらのものである。

「早期に小さな変化に気がつけば、やがて訪れる大きな変化に適応できる」という私の持論は、経験を重ねるごとに確固たる信念に変わっていった。

江夏豊との出会いは、その大きな裏づけとして私自身の野球史に刻まれている。

「感性を磨け」

「恥を知らねば恥かかず」という言葉も、変化に関連する金言として肝に銘じておかねばならない。恥をかいたことのない人間は本当の恥を恥と認識できずに、次々と新たなヘマをやらかす。きちんと自分の失敗を省みて、さらなるステップに生かすことが肝要だ。

私は、「失敗」と書いて「成長」と読むことにしている。まさに読んで字の如し。失敗を生かせる者はそれを放置する者に勝る。それが「変化」となって現われる。

一流選手、中心となっていく選手はみな、修正能力に優れている。同じ失敗を二度と繰り返さないのである。二度繰り返す者は二流、三度も四度も失敗を重ねる者は三流、四流どまりということだ。彼らは原因を究明する意識がないか、それ以前に失敗を失敗と感じることができないからである。

「感性を磨いておけ」と、私が諄々《じゅんじゅん》と選手たちに説く理由はそこにある。

「小さくて気づかないようなものにこそ、美しさがある」とは、文豪・夏目漱石の名言である。

微細な変化や移ろいに気づく感性は、野球ばかりではなく、どのような分野にでも生かされているはずだ。

その前提として、自分はどのような特長をもっているかを知ることも重要となってくる。それは「気づかせ屋」である指導者の役割でもあると前に述べたが、一流となりうる素材は、みな独力でそれぞれの進むべき方向性を判断している。我々はその後押しをしてあげるに過ぎない。

言い換えれば、他者と自分の「差」を明確に認め、それをもとに独自の道を模索していくこと。そして変化することを恐れず、勇気をもって行動していくことがプロフェッショナルに求められる資質だと思う。

戦争に負けた日本がいかにして経済大国へのし上がっていったか。そのプロセスを振り返ってみるといい。資源のないこの島国がどうやって世界に伍《ご》していったのか。それは、自分たちの特性を知ったうえで創意工夫を加え、「世のため人のため」（この場合、国のために働く集中力を発揮したからではないか。

このプロセスはそのまま、弱小プロ野球チームの発展にもピタリと当てはまる。まずは彼我の差をはかり、情報と頭脳をフルに活用して強者に立ち向かっていく。ひとつ異なるのは、資源となる選手の補強である。この部分については後段に述べることにする。

個人レベルについて言えば、このような差は人を動かす大きなエネルギーとなる。たとえば私は、どの部分をとっても他者に劣るところばかりで、その差を埋めようと泥まみれになって努力を続けた。差があるのに見て見ぬふりを続けていると、そのうち自分のアイデンティティさえ失っていくことになる。短所を素通りすることは悪なのである。

ただ、自他ともに気づくような大きな差は、ある一定のレベルまでいけば問題にならなくなる。ここで強調しておきたいのは、ときには成否を左右するような差について、自分自身で気づかないこともあるということだ。

前章で書いた皆川睦雄と杉浦忠の「変化球への対応」もそのひとつだろう。皆川は自分がどのようなタイプであるかに気づき、わずかに曲がるスライダーを身につけ、左打者対策に成功したおかげで「30勝投手」となった。

一方、杉浦は伸びのあるストレートが生命線であるにもかかわらず、球数を減らして肘、肩の負担を軽くするために、シンカーという〝魔物〟に手を出して、本来自分がもっている武器をさびつかせてしまった。自分の持ち味やタイプの差について、彼はまったく意識が向いていなかったのだ。

天才型の選手は、おしなべて物事を深く考えようとはしない。その必要もないからだが、肉体やそれにともなう技術の衰えをカバーしなければならなくなったとき、誤った考えに陥ることがある。杉浦の場合はその典型だったと言えよう。

しかし、この世に生きるほぼすべての人間は天才ではない。努力をせねば追いつき、追い越せない、あるいは先頭に立つことはできない。

そのためには、「気づく」「感じる」そして「考える」ことだ。「人間は他者との差や違いで勝負する存在」なのだから、小事、細事に神経を行き届かせ、その積み重ねによって自己を確立していかねばならない。勝者と敗者の分岐点もそこにあるのだ。再度申し上げるが「小事、細事が大事を生む」という理念を大切にしたいものだ。

「日本人は何も考えずに野球をやっている」

チームの鑑となるべき中心選手がいれば、監督は仕事がしやすくなる。

「人づくり」「チームづくり」「試合づくり」のうち、一番目と二番目に対する負担が軽くなり、よってスムーズに作戦を練り、采配《さいはい》をふるうことが可能となるからだ。そうなってこそ、理想的なチームに大きく近づくことができる。

では、その中心選手と監督が同一人物ならば、どうなるのか。

みなさんご存じのとおり、私は南海ホークス時代に「選手兼任監督」を経験した。それは、やった者にしかわからない苦悩だらけの任務だったのである。

1969年オフ。そのシーズンを最下位で終えた南海は、飯田徳治監督を解任。次期監督にこの私を指名した。

当時34歳。正捕手、四番打者としてチームを引っ張る役割を担っていた私としては、不成績に終わった責任は痛感していたものの、さらに加えて、指揮官という重責を負わされるとは、そのときまで予想もしていなかった。川勝傳オーナーから打診をされ、「考えさせてください」とだけ返すのがやっとであった。

1週間の猶予をもらって、私は思案をめぐらせた。キャッチャーと四番だけでも大仕事なのに、そのうえ監督まで引き受けるとなると、自分を支えてくれる参謀が絶対に必要だと、まずは考えた。そして、私は一人の男に白羽の矢を立てた。

その男の名はドナルド・リー・ブラッシンゲーム。私より3歳年上の元メジャーリーガーで、1967年に来日して南海の一員となって以来、二塁手として3シーズンにわたり、ともに戦ってきた仲間だった。そう、後に阪神、広島の監督を務めることにもなる、ドン・ブレイザーである。

彼とはそれまでも、よく食事をしながら野球の話をしてきた。こちらはメジャーの情報をいろいろ知りたかったのだが、彼にも言いたいことがたくさんあった。

特に日本の野球に話題が移ると、ブレイザーはいつも表情を曇らせた。

「日本人は何も考えずに野球をやっている」

そう言って嘆きながら、聞いたこともない新鮮な野球論を次々に披露するのだった。

たとえば、こうだ。

「ヒットエンドランのサインが出たら、バッターは何を心がけねばならないか」という問いに、日本人はみな「空振りをしない。ゴロを打つ」とだけ答える。

ブレイザーいわく、「それだけではだめだ。セカンドのベースカバーにショートが入るのか、セカンドが入るのか、それを読んでスペースの空いたところを狙って打て」と。なるほど、そんなことは気づきもしなかった。

ランナー一塁でバントのサインが出たとしても、必ずしも一塁側に転がさなくていい。「サードの守備能力が劣るのであれば、三塁側を狙え」と教えてくれた。また、犠飛が要求される場面では、「追い込まれるまでは高めに目をつけておけ。高いボールを打てば自然とフライになるのだから……」等々。

今からしてみれば当たり前のことだが、当時はそういうことさえ考えて野球をやるという習慣がなかった。根性だ、気合いだという精神論で戦ってきたのである。

私は、それまでキャッチャーとしての「眼」と「頭脳」は相当に鍛えてきたつもりだった。しかし、野球を総合的に分析したことはまったくなく、専門知識も乏しかった。その分野に新境地を与えてくれたのが、ブレイザーである。

野球を広く深く考えることがいかにおもしろいか、その真髄に触れるきっかけは、彼との出会いによってもたらされたのだ。

巨人の堀内にやられた

話を「兼任監督」に戻す。

1週間後、私はオーナーのもとを訪ね、「ブレイザーをヘッドコーチにつけてほしい」と要請し、それを条件に大役を引き受けることを承諾した。

「外国人でいいのか、野村くん」

川勝オーナーは心配そうだった。外国人をコーチに据えるなんて、それまで前例のないことだったから無理もない。しかし、それしか方法はないというのが本音だったのだ。

私が約8シーズンも「三足のわらじ」を履き続けられたのは、ブレイザーの存在に負うところが大きかった。藤江清志という優秀な通訳がついてくれたことも大いに助けとなり、彼は攻守にわたって細かい作戦を的確に授け、サポートしてくれた。

攻撃時、先頭バッターのカウントがノーツー、ワンスリーと有利な場面では、絶対に「待て」のサインを出した。野球は確率のスポーツであり、出塁率を高めるためには手を出すより待ったほうがいいという判断である。たしかに、ノーツーからボールに手を出して凡退してしまっては、相手バッテリーを助けてしまうことになる。それをきっかけに流れが変わることも考えられる。彼は脇役《わきやく》と主役を明確に区分けし、特にホームランを打つ能力のない選手には、徹底して出塁することに集中させた。

勢いだけの野球を毛嫌いし、ことあるごとに「シンキング」とつぶやいていた。見ようによっては消極的な戦法ではあったが、すべてが理にかなった話で、私にとっては野球の新時代を感じさせてくれる財産となり、ブレイザー野球に私の野球をプラスし、野村野球を確立していった。

私がブレイザーとともに率いた70年代の南海ホークスにとって、ハイライトはなんといっても1973年のパ・リーグ制覇である。

その年、連盟は人気獲得策の目玉として、2シーズン制を導入した。今までの130試合を二分割すれば、優勝争いの盛り上がりが二度あるうえに、プレーオフという新たな収入源も増えるという算段だ。

球界にとって初めての試みだけに、この短期決戦をどう乗り切るのか、各球団とも頭を悩ませながら対応策を練ることになる。

ロッテ・オリオンズを率いる金田正一監督は、「65試合なんてあっという間だ。正味50試合で勝負は決まる。だから、エース級のピッチャーをどんどん注ぎこむ」という方針を表明した。

「勝てる試合は全部勝たんといかん」というのが、カネさんの口癖だった。

私は試合数が半分になるからといって、基本的に先発投手のローテーションを崩すつもりはなかった。その頃は阪急ブレーブスが全盛期を迎えており、慣れぬ奇策を弄《ろう》したところでとうてい敵うわけがないと考えたからだ。

結果、エース級の投手を酷使したチームは次々と脱落し、我々は前期を制することができた。これで、プレーオフ進出の権利を得たわけだが、その反動から後期は完全にモチベーションが低下し、阪急に独走優勝を許してしまった。特に直接対決では0勝12敗1分けという散々な成績に終わったため、東京方面からは「大阪だけで勝手に野球をやるな」と、さんざん陰口を叩かれた。しかし、実際のところそれが本当の実力だったわけで、「死んだふり」という巷《ちまた》の声は過大評価と言えるものだった。

王者・阪急とのプレーオフを前に、私は「まともに勝ちにいったら全部負けてしまう」と予想した。プレーオフは5試合のうち3戦先勝したほうがペナントを獲得する制度だ。そこで言葉は悪いが、2、4戦は「捨てゲーム」とし、1、3、5戦に絞って力を集中させようという戦略をたてた。弱者が強者を倒すためには、彼我の実力差を冷静に分析し、ルールに則《のっと》って巧みに戦い抜くしかない。

作戦はまんまと当たり、2、4戦を大量失点でボロ負けしたものの、1、3戦を主力投手総動員で勝ちとり、2勝2敗で迎えた最終第5戦も、「勝って当たり前」というプレッシャーでコチコチに緊張する相手を尻目に、2対1で逃げ切ることに成功したのである。

なぜ、我々は勝てたのか――

この奇跡的とも言えるリーグ制覇を達成できた最大の要因は、チームの隅々にまで戦術が浸透していたことにある。

もし、「当たって砕けろ」などと精神論だけで立ち向かっていたら、無様な結果に終わっていたに違いない。指揮官がたてた戦術を選手個々が正確に感じとり、ひとつの目標に向かって一丸となって戦うことができたおかげだ。

私は、「兼任監督」という常軌を逸した役割を奨励はおろか、肯定するつもりもさらさらないが、こと73年のリーグ優勝について振り返るならば、采配を振るう監督、中心になる四番、キャッチャーの三役を私一人ですべて背負っていたことが、もしかするとプラスに働いたのかもしれない。

私はまだ若く、今にして思えば監督としてというより、チームの中心選手としての存在感のほうが大きかったのだろう。それがベンチと選手との距離を近づけ、成果へとつながったのだと思う。意思統一という、いわば「無形の力」が思わぬかたちで発揮されたのである。

戦略とチーム一丸の力でパ・リーグの頂点に立つことができた我々は、ついに日本シリーズの舞台へと駒を進めることになった。

対戦相手はセ・リーグの覇者、読売ジャイアンツだ。それまで8年連続日本一という前人未到の連覇を成し遂げている強豪であり、球界ナンバーワンの人気を誇るチームだ。戦力的にみても、長嶋茂雄、王貞治という中心選手を軸に、メンバーそれぞれが適材適所に配置された理想的な構成だった。

私はことあるごとに、当時のジャイアンツこそ、「理想の野球チーム」として取り上げるわけだが、それはなにも目に見える物理的な強さだけをさしているわけではない。彼らをして真の強者たらしめていたものは、その背景にある「伝統」、さらには「自分たちこそが球界の盟主であり、日本のプロ野球を牽引しているんだ」という自負など、他を圧倒する「無形の力」にあった。

シリーズで顔を合わせてきたパ・リーグの各チームは、その見えざる力に気おされ、ことごとく跳ね返されてきたのである。

9番目の挑戦者となった我々南海ホークスも、「無形の力」に対する畏れは十分すぎるほど感じていた。

しかし、プレーオフでそれを実証したように、私は「強い者が必ず勝つとはかぎらない」という真理もまた心得ていた。まして、その年のジャイアンツは66勝60敗2分という、およそ優勝チームとは言えない低勝率であり、阪神との最終戦でリーグ制覇を決めるというギリギリの戦いを演じてきた。戦力全体にもやや衰えが見えはじめており、加えて大舞台に強い長嶋が負傷のため出場できない。チャンスはあると感じていた。

私にはひとつの秘策があった。

「人事を尽くして天命を待つ」とよく言うが、まさに「天の恵み」の助けを借りて勝負に打って出ようと考えていたのだ。

シリーズはまずパ・リーグ優勝チームの本拠地、大阪球場から始まることが決まっていた。天気予報を見ると、第2戦が行なわれる10月28日の大阪地方は「雨」と出ていた。これを利用しない手はない。

その15年前、1958年には西鉄ライオンズが巨人を大逆転して日本一になっていたのだが、このとき3連敗後の雨がシリーズの流れを変えたことを私は思い出していた。そのときの平和台球場は、きちんと整備すれば開催が可能な状態だったにもかかわらず、三原監督は頑として中止を訴え、順延にしてしまった。そして大エース、稲尾和久を休ませることに成功し、その後の4連投、4連勝につなげたのである。

自然を味方につけるということは、短期決戦では絶好の戦術となる。しかしながら選手たちは「巨人に勝てない」という空気だったので、私は第1戦の勝利に全力を尽くすことを選手たちに告げ、必勝の意気で臨んだ。次戦については、一日休んでまた策を練ればよい。思惑どおりにことは運び、初戦を江本孟紀、山内新一、佐藤道郎の継投で勝利し、白星を先行させた私は、その夜から雨乞いを始める。

宿舎で床についたあとも、私は空模様が気になってしかたがなかった。夜中に起きて窓を開けると、雨はじゃんじゃん降っている。よし、これで本日の第2戦は順延だ。

ところが、である。午前9時に起きてみると、なんと青空が広がっているではないか。これは大変なことになった。あわてて球場へ向かうと、さらに仰天した。球団が二軍の選手を駆りだし、雑巾で水を吸い上げているのだ。

私はさっそく営業部にかけあって「中止」を訴えた。いらぬグラウンド整備などして、せっかくの「天の恵み」を無駄にされたのではたまったものではない。しかし、営業部長は執拗に食い下がる。

「日曜日の巨人戦なんや。頼むからやってもらえんだろうか」

「勝つことと営業と、どっちが大事なんですか」

「いや、団体バスがもう和歌山を出発しているし……」

「そんなこと中止を決めればなんとでもなるでしょう。巨人戦だから月曜でもお客さんは来てくれるよ」

もはや喧嘩である。普段観客が入らないものだから、彼らは千載一遇の大入りのチャンスとばかり、強引に試合開始へもっていこうとする。だいいち、日本シリーズの興行権はプロ野球コミッショナー事務局にあり、球団の収益にはならないのに、そこまでこだわるのはどういうことなのか。何を考えているのか知らないが、ドタバタのやりとりに嫌気がさした私は、「勝手にしろ」と言い残して、その場を去った。

もしここが平和台で、私が三原監督だったら、とっくに中止が発表されていただろう。しかし、大阪球場ではそうはいかなかった。結局、第2戦は予定どおり10月28日の日曜日にプレーボールとなったのである。

おかげで私がたてた「戦術」はすっかり台無しとなり、ピッチャーの起用法や選手の士気向上に狂いが生じた。

うまくいきかけていた計画が途中で頓挫《とんざ》すると、集中力がとけてしまう。それがチーム全体に伝染したのだろう。

その後、我々は4連敗を喫して、巨人の9連覇を見せつけられることになった。

同シリーズでＭＶＰ（最優秀選手）となったのは、巨人のエース、堀内恒夫だった。なにしろピッチングで完全に打線を封じられたばかりか、延長戦での決勝タイムリーに本塁打２本と、野手顔負けのバッティングにしてやられた。

シリーズが始まる前、私はできるかぎりの情報を集め分析に励んだ。ただし、この目で見た情報ばかりとはいかなかった。堀内がバッティングに優れた投手であることは知っていたが、それ以上のデータといえば「カーブ打ちがうまい」ということだけだった。私はその情報をもとに、インコース主体の組み立てを行なったのだが、第３戦では松原明夫が投じたシュートをものの見事にレフトスタンドに運ばれてしまう。その一発で堀内と巨人を完全にのせてしまったことを考えると、実に手痛い失投であった。

後でわかったことだが、堀内が「カーブに強い」という話は、どこかで歪曲《わいきょく》されたガセネタだったのだ。

「ヤマを張るのがうまい。配球を読むのがうまい」というのが正解であり、私は誤った情報をもとに配球してしまったのである。

以来、肝心な部分は自分の目でデータを集めなければならないと悟った。他人まかせにすると、思わぬところで墓穴を掘ってしまう。そして、それが取り返しのつかない失敗につながることを、身をもって思い知らされたのである。

組織はリーダーの力量以上には伸びない

私は77年のシーズン終盤に南海ホークスを去るまで、およそ8シーズンにわたって兼任監督を務めあげた。今思えば、よくもこんな無謀なオファーを受け入れたものだと後悔さえしている。

本章の冒頭でも述べたように、本来、監督という仕事は組織を正しくまとめあげるために、「人づくり」「人間教育」「実践指導」を主眼において取り組まねばならない。

しかし、そのリーダーが中心選手をも担うとなれば、自らが発したメッセージを、まず自分が実践しなくては示しがつかなくなる。

したがって、監督、四番、キャッチャーという「一人三役」のうち、どこに比重を置くのかといえば、やはり実際にプレーする選手としての自分ということになる。

一方、現代の野球は、投げて打って走るだけの大らかな時代とは異なり、緻密《ちみつ》な情報戦をもとにした細かさが要求される。70年代はそのとば口に立っていた時期であり、たとえ名参謀が後ろに控えていたとはいえ、難しい決断をくださねばならなかった指揮官としての苦悩、複雑な立場をお察しいただきたい。

ここで紹介したように、選手との一体感によって、一度きりとはいえパ・リーグ優勝という栄誉に浴することができた。また、ブレイザーとの出会いによって、「考える野球」に目を見開かされたことは、その後の私にとって大きな宝となった。

しかし、である。

本当に勝てるチームをつくりたいのなら、技術云々のまえに、まずは人間形成ありきだ。結果より、プロセスを重視しなければならない。その道筋を示すのが、リーダーである監督の使命なのである。

そういう観点から、当時は何も監督らしいことはしてやれなかったと、自責の念にかられるばかりだ。

2006年、古田敦也がヤクルトスワローズの兼任監督に就任したとき、その行く末を私は案じたものだが、結果は芳しいものではなかった。彼の場合、途中からは指揮をとることに専念したわけだが、それでもかけもちの困難さを大いに感じていたに違いない。強いチームづくりをするには、まず監督自身が選手としての力量を上げねばならないのだから皮肉なことである。

「組織はリーダーの力量以上には伸びない」というのが、私の持論である。力量を最初から抑えこむような兼任監督など、過去の遺物と心得ておいたほうがいい。

第3章
ヤクルト時代に見たエースたち

評論家時代に熟成できた野球観

1980年、私は野球選手としての生活を終えて、評論の世界へと身を転じた。生来の旺盛《おうせい》な好奇心が「解説とはなにか」というテーマに向かってムクムクと頭をもたげていたし、おかげさまで、テレビ、ラジオ、そして新聞社などさまざまなメディアから契約の話をいただき、新しい生活をスタートさせることになった。

と、そこまでは想定内の展開だったのだが、意外だったのは講演の依頼が殺到したことだ。引退を表明したと同時に、自宅の電話が鳴り止《や》まなくなった。朝9時から夕方6時まで、私はおちおち食事もできないほどその対応に追われた。

元来、人前でしゃべることに苦手意識があったし、こんな私にどのような話をしろというのか。それまで講演というイベントには縁がなく、呼ばれたことはもちろん、参加したことすらなかった。まったくもって戸惑うばかりである。

私はさっそく、師と仰ぐ評論家の草柳大蔵先生のもとを訪ね、「私みたいな者に講演の依頼がたくさんきているのですが、どうしたらいいでしょうか」と相談してみた。

先生は、「あなたは野球の話をすればいい。机に向かって勉強した知識ではなく、体験という情報を提供しなさい。そうすれば、みんな自分に置きかえて聴いてくれるはずですよ」とアドバイスしてくださった。

そんなものかと、軽い気持ちで生まれて初めて演壇の上に進み出たのだが、自分で何をしゃべっているのかさえわからなくなった。前の晩、テーマを紙に書き記しておいたのだが、終わってみれば1時間半の持ち時間のうち30分しかたっていない。しかたなく質疑応答でその場はしのいだものの、もう二度と講演などごめんだと思った。自宅に戻り、妻に「もうだめだ。全部断ってくれ」と告げた。完全に自信喪失状態だった。

妻には「声をかけてもらえるだけありがたいと思いなさい」とハッパをかけられ、その後も何度か挑戦してみたが、どうにもうまくしゃべることができない。ストレスのあまり、しまいには円形脱毛症にまでなった。

それぐらい、私はしゃべることが嫌でならなかったのだが、依頼はひっきりなしにやってくる。すると、次第に「腹をくくって挑戦してやろう」という気分になってきた。苦しいことをあえて続けていれば、やがて今後のためになるのではないか、と。

そこで私は、体験談をわかりやすく伝えるために、読書をして「言葉」のつむぎ方を猛勉強した。27年間のプロ野球生活で培った「視点」には自信がある。あとは、その情報をどうやって伝えればいいのか、テクニックの問題である。移動の間、待ち時間を利用してあらゆる本を読みあさった。心に響く言葉があれば、赤線を引き、メモをとるようにした。評論家時代、9年間の読書量は膨大なものになった。

やがて場数を踏みコツを覚えてくると、流れるように話せるようになるものだ。演壇へのぼることが苦にならなくなり、ときに予定時間をオーバーし、「アンコール」の声に応えるまでになった。私の場合、机上の論理やたとえ話ではなく、実体験に基づく生々しい内容だったため、参加者はみな興味津々で耳を傾けてくれたのである。

人間とは不思議なもので、本のなかで印象に残った一文がふとしたことで口をついて出てくる。真剣に仕入れた情報は、きちんと必要なときに左脳から運び出されることを知った。もちろん「言葉の盗用」はルール違反なので、著者の名を紹介しながら巧みに自分の経験と照らし合わせて話を進めるのだ。

こうして、私は評論活動の合間に……いや、実際には講演の間隙《かんげき》を縫って解説の仕事をこなしていたというほうが正しいが、いずれにせよ、自分の思考を言葉にする訓練をさせてもらっていたのである。

解説者と講演の「二足のわらじ」は、兼任監督とは比較にならないが、物理的に超多忙な毎日へと自分を追いやることになった。

講演の回数は、年平均300回にのぼった。1日2件、3件は当たり前、ときには4件かけもちということもあった。移動のためにヘリコプターを二度も出動させた講演者は、私くらいではないだろうか。

ただ、自分の話が人々の興味を引き、心に響いてくれると知れば、可能なかぎりスケジュールを調整して出かけなくてはならない。全国を飛び回る不規則な生活が続いたため、体重は最大で10キロ減り、球場で顔を合わせる同業者からは、「どこか悪いんですか」と心配されることもあったが、自分ではまったく気づかぬまま過ごしていた。

解説者、評論家としての私は、これまた引っ張りダコとなった。ここでも、私は好奇心によって野球を深く考える日々を送らせてもらった。

ピッチャー側から配球を逐一予想、解説するための「野村スコープ」は、なかでも野球評論の革命的な進歩の象徴のように扱われた。

もとをたどれば、ディレクターの一人が「野球解説のマンネリ化」を訴え、なにか新鮮な放送ができないかと、相談にやって来たことがキッカケだった。

「現役時代の経験を生かす方法として、コースを九分割して表現したらどうか」

まさか実況中にそのような仕掛けができるとは想像もしなかったが、技術的に可能であることがわかり、言い出しっぺの私がマイクの前でその解説をするというアイデアである。視聴者からの反応もよく、一種の「解説ブーム」を巻き起こし、ご褒美としてテレビ局の社長賞をいただくことになる。

精神状態がハングリーだったのである。ユニフォームを脱いでも、私から野球を引いたら何も残らないことは、自分自身が一番よくわかっていた。もうバットを持つことも、ミットを構えることもできない。ならば、胆《はら》をすえ、言葉の世界で野球を追求してやろう。そんな気持ちが私を仕事魔にさせたのであろう。

たまたま出会った講演という行為は、野球を一般社会の話へと転換するうえでトランスのような装置として機能し、評論や解説は野球をより深く理解するためのキッカケとなった。そこで蓄えられた知識と技術は、やがて野球界へ帰還することになる私にとって、大きなプラスとなっていく。

とりわけ、「言葉の重要性」を痛感できたことは大きかった。指揮官が力を発揮できる最大唯一の媒介は、「言葉」である。言葉なくして「考え方」が伝わるはずもなく、その内容によって組織は方向性を定めることができる。極論を言えば、監督の仕事は「言葉をつむいでいく作業」であると言える。

南海ホークスを去ってなお、「生涯一捕手」となってロッテに拾われ、西武にお世話になり、27年もの間、ユニフォームを着てグラウンドに立つことができた。

中心選手として四番をまかされていた頃は、「チームの鑑《かがみ》」となるべく意識を高めてきたつもりだ。ベテランの域にさしかかってからは、それまで蓄えてきた野球の知識を後輩たちに逐次伝授してきた。

本書でも述べてきた私の「野球観」は、こうした現役生活をとおして芽生え、評論家時代に熟成し、言葉に変換されていったのである。

ヤクルトでの〝幸福な時間〟

「組織はリーダーの力量以上に伸びない」という持論はすでに述べた。

一方、リーダーからすれば、組織が自分の教えや哲学に順応し、ぐんぐん伸びていく様子を目《ま》の当たりにする喜びは他に替えられない。その手ごたえが自信となり、選手たちへと伝播《でんぱ》して好循環をもたらすのである。

評論・講演に追われる日々は9年目を迎えていた。世はバブル景気の真っ只中《ただなか》にあり、税金対策かなにか知らないが、企業はこぞって私に講演を依頼してきた。しゃべることの楽しさ、伝わることとの充実感はあったものの、殺人的なスケジュールの連続にはさすがに参り始めていた。

ヤクルトスワローズの相馬和夫球団社長から連絡を受けたのは、1989年のペナントレースが終了して間もない頃だった。

相馬さんと言えば、ドラフト会議のクジ引きの際に、狙った指名は逃さない〝黄金の左腕〟として有名になった人物だ。広沢克己、荒木大輔、長嶋一茂……その手で交渉権を獲得し、話題を振りまいたことを覚えてらっしゃる方も多いと思う。

相馬さんは私のもとに来られて開口一番、「ぜひ監督になって、ウチのバカどもを教育してほしい」とおっしゃった。

自分のところの選手を「バカども」呼ばわりとは穏やかではない。

「なぜ、私なんですか?」

ユニフォームを脱いですでに9年の歳月が過ぎていた。ましてや、頭を下げるのが苦手、お世辞のひとつも言えない処世術0点の男に、二度と監督就任のチャンスなどないだろうと、自分で決めつけていた。

ところが……。

「あなたの解説や評論を新聞などで見聞し、この人だったら変えてくれると確信したんだよ」

私は困惑しながらも、一種の高揚感に浸っていた。

プロ野球は人気商売であり、華のある元スター選手や派手なパフォーマンスを売り物にする人物を好んで起用する傾向にあったなかで、こんな地味で陰気な男に監督要請するとは、よほどの決断なのだ。

しかし、一方で、自分が積み重ねてきた野球に関する知識、野球に対する情熱をちゃんと受け止めてくれる人がいたことに感激したのだ。

「世の中には、物が見えない人が千人いれば、見える人も千人いる」

後に草柳先生から教えられたこの言葉が、今も脳裏によみがえる。見ている人は、ちゃんと見ているのだ。どんな仕事にせよ、信念をもって続けていれば必ず陽が当たるときがくる。

後に相馬さんから伺った話によれば、私を監督にすることはヤクルト本社の役員全員が反対したそうだ。このチームは、初代松園尚巳オーナーの時代からファミリー主義を前面に押し出し、刺激的な人材登用を嫌う体質が脈々と受け継がれていた。そこへ、毛色のまったく異なる人間をもってこようというのだから、反発も激しかっただろう。

「あんな暗い男、うちには合わない」

もっともと言えば、もっともな話ではある。

しかし、相馬社長の意思は強固だった。

組織のなかで一斉に反対されれば、「それじゃあ」といって意見を引っ込めるのが普通の人間だ。ところが、「失敗したら、野村と一緒に私も辞めます」と啖呵《たんか》をきって、強引に話を進めたのである。まさに、根性をもって信念を貫く人だった。

私はその圧倒的な熱意に押され、スワローズの監督を引き受けることにした。内心では、「やっとこれで講演の仕事から逃れられる」と、ホッとしたこともたしかであるが。

ヤクルトで過ごした9年間は、指導者としての私の価値を決定づける貴重な経験の連続だった。選手たちとの出会い、教育とその成果をとおして、人づくりの大切さを認識させてくれた〝幸福な時間〟だったと言える。

まず、私を受け入れる体制が見事に整っていた。社長自身が先頭に立って動いたことも大きいが、球団全体が相馬さんの決意をしっかりと汲《く》み取り、意思の統一がなされていた。組織として理想のかたちがすでに出来上がっていたのである。

就任1年目、米国アリゾナ州ユマで行なわれた春季キャンプで、私は連日1時間以上に及ぶ講義を行なった。テーマは主に「人間教育」に基づくものだった。人として生きていくうえで、何が重要でどうすれば成長していけるのか。そんな、野球とは直接関係のない内容ばかりだったが、初回から選手たちの目は輝いていた。身を乗り出さんばかりに、私の話に聞き入っていた。

彼らにしてみれば、この話が今の自分たちにどう関係があるのか、すぐには理解できなかったはずだ。しかし、人の話に真剣に耳を傾ける姿勢は、ある種のハングリーさの表れであり、彼らの態度からは、「変わりたい」「向上したい」という意欲がひしひしと伝わってきた。夢や希望を抱くことは、感じること、考えることの出発点である。スワローズの面々には、その基本が備わっていた。

先日、池山隆寛がテレビ番組のなかで、私の講話を書きとめたノートをどっさりと持ち込み、紹介していた。

「最近になって、ようやく監督のおっしゃっていた意味がわかるようになりました」と言いながら、当時いかに自分が一所懸命勉強したかについて語っていた。たしかに、彼は選手のなかでも特に熱心な「受講生」だった。

評論家時代、私はヤクルトの試合を解説する機会も多かったのだが、外部から見ていて、広沢、池山の二人はてっきり人の話などロクに聞きもしない、甘やかされて育った劣等生だと思っていた。「イケトラ」＝「問題児」コンビなのだろうという先入観があった。

だから、池山には最初に言っておいた。

「おまえ、ブンブン丸とか言われていい気になってるんじゃないのか。自分はそれでいいかもしれんが、チームにとっては迷惑な話だ。野球を私物化するんじゃないぞ」

池山にしてみれば、カチンときてもおかしくないが、彼は神妙に私の説教を受け入れ続けた。

私が退任したあと、ポジションを後輩に譲りながらも、池山はチームの勝利のために献身的に働いたと聞く。かつてスターだった選手が控えに回ると、精神的にきつくなってモチベーションも下がるはずだが、池山は率先してメンバーを統率していたという。

2001年の優勝時、監督の若松勉が「勝てたのは池山のおかげです」と語っていたが、それこそが彼の「人間的成長」の証《あかし》であろう。

広沢に関して言うならば、それまで五番や六番をまかされ、好き勝手なバッティングをしているだけの印象だった。そもそも、このチームの四番には外国人が居座り続けており、当然、彼らもまた自己中心的な発想でしか野球をやっていない。広沢もまた、その雰囲気に流されているかのようだった。

ところが、いざ中へ入ってみると、彼の印象が少しずつ変わっていった。自己管理ができているせいか、故障が少ない。不調のときには誰よりも早く球場入りして練習に励んでいた。およそ理をもって戦う私の野球観とは縁遠い男だと思っていたが、〝真〟の中心選手、つまり打の「エース」になれる可能性を感じさせた。私が就任1年目の後半から彼を四番として起用し続けたのは、そうすることで他の選手たちにもいい波及効果が表れると感じたからだ。

チームづくりという点においては、まずキャッチャーの育成に力を注ぐことが最大のテーマである。彼らはある意味で監督以上の仕事をこなす。監督はいちいち一球ごとにサインなど出さないわけで、いわば脚本を書いているのはキャッチャーなのだ。

だからこそ、いいキャッチャーを育てることができれば、チームは半分出来上がったようなもの。ヤクルト時代には、古田敦也にその役割を担わせた。

打撃センスや盗塁阻止の技術については、見るべきものはあった。問題はインサイドワークである。彼にはベンチのなかで、「かたときも俺のそばを離れるな」と言いつけておいた。そして、相手のバッターについて、細かい情報をもとに納得のいく配球ができていたか、徹底的に追求した。根拠のないサインを出したときは叱《しか》りつけ、「頭を使え。打者の動きを見ろ」と説教した。自分の考えを的確にゲームへ反映させるには、キャッチャーの思考回路を同じにしておく必要がある。最初は私に怒られてばかりだった古田も、その後著しい成長ぶりを示し、私の意図する野球をスムーズに表現してくれるようになった。

また、私が指揮をとった最後の2シーズンには「四番」も任せ、攻守ともにチームの中心として組織を牽引してくれた。

9年間のヤクルト時代を振り返ったとき、「組織の中心」「戦術の体現者」となるこの3人がいたことは、指揮官にとってきわめて強運だったと言える。

「功名誰かまた論ぜん」

就任1年目の1990年は5位に終わった。それまで9年連続でBクラスに低迷していたチームを意識改革するということは、一朝一夕では不可能である。「自分たちは弱い」という劣等感を払拭《ふっしょく》し、「勝てるんだ」という自信を植えつけることに腐心する日々だったが、そう簡単には成果は現われるものではない。

その旨は、就任当初からフロントへ伝えていたことでもあり、数年間は勝つためのプロセスととらえていたのだが、私を強引に引っ張ってきた相馬社長は本社内部でずいぶんと非難されたそうだ。

「野村に代えたところで順位は去年と同じか。ちっとも強くならないじゃないか」

そんな言葉をぶつけられて、ずいぶん悔しい思いをしたらしい。体は小柄だが、全身が負けず嫌いのかたまりのような人だ。その心中は察して余りある。

私はこの仕事を引き受けたとき、正直言って早々にいい報告ができるとは思っていなかかった。記者会見の席上でも告白したが、まったく自信はなかった。顔と名前が一致しない選手も多く、性格や能力をきっちり把握するだけでも時間はかかるだろう。

しかし、そんなことは口に出せる状況でもなくなってきた。相馬社長のためにも、チームをなんとか勝てる集団にせねばならない。

「1年目に種をまき、2年目に水をやり、そして3年目に花を咲かせる」

私は自らの決意をこの目標に託し、真剣勝負を続けた。

そして、2年目には3位となってAクラス入りを果たし、ついに3年目の92年、念願のセ・リーグ優勝を達成したのである。

相馬社長が小躍りしながら大喜びしたのは言うまでもない。

「野村くん、ありがとう。これで反対していた連中を見返すことができたよ」

私の手を固く握りしめて、いつまでも離そうとしなかった。小さな体を震わせながら、目に涙を浮かべて何度も感謝の言葉を繰り返すのだ。

優勝してあれほどまでに嬉しさを表現してくれたフロント幹部は、あとにも先にも相馬さんしかいなかった。

私はその姿を見て、ますますやる気が湧いてきた。体内から情熱がほとばしってきたことを覚えている。

「人生、意気に感ず」という故事がある。

人は情によって動く生き物だ。理論や知識を蓄えたところで、最後は情がものをいう。相馬社長の言動は、いやがうえにも私の心を揺さぶった。そして、意気を高めてくれたのである。

ところで、現代の若者は先を読みすぎて、つまり結果を念頭において行動するために、意気に感じて仕事に取り組むことが少なくなったと聞くが、どうだろうか。この「人生、意気に感ず」という言葉は、「功名誰かまた論ぜん」と続く。自分のもてる力を存分に発揮するのなら、成功しようが失敗に終わろうが、そんなことは問題ではないという意味だ。結果を気にしていたら、何も生みだすことはできないのである。

エース岡林から学んだこと

私が監督に就任した頃のヤクルトスワローズには、〝真のエース〟と呼べるピッチャーはいなかった。

チーム自体がBクラスの常連にもかかわらず、「伸び伸び野球」などというキャッチフレーズのもと、ファンやメディアから温かく見守られていたのだから、組織のたがが緩むのも当然である。投手陣とてその例外ではなかった。
野球という競技のなかで、ピッチャーの占める要素が他のポジションを圧倒しているこ
とは言うまでもない。チームを強くしたいのなら、投手力の整備さえしていれば間違いな
いのである。ヤクルトの場合も、例年補強のポイントは投手力にあった。弱体化したチー
ム力を底上げしていくために、ドラフト会議ではピッチャーを必ず上位に指名した。
90年代に4度のリーグ優勝、3度の日本一を達成できたのも、彼ら投手陣が懸命に働い
てくれたおかげである。そして、私は彼らに多くのことを学ばせてもらった。
まず、私が就任2年目でドラフト1位に指名されて入団してきたのが、岡林洋一である。
本当に酷使によく耐えて、力投してくれた。
1992年、西武との日本シリーズでは3試合で完投。投球回数が30回を超えたのは、
かつて私とバッテリーを組んだ59年の杉浦忠以来のことだった。そこで無理をさせたこと
が後年の故障へとつながったと、陰口を叩かれもした。その批判は甘んじて受けねばなら
ないが、初めてのシリーズ進出ということもあり、当時はどうしても勝ちたいという気持
ちが先に立ってしまった。本人に聞けば、「いかせてください」と言う。調子もよく、大
丈夫だと言うなら任せてやりたいと思うのも、人情というものだ。
この瞬間、岡林は間違いなくヤクルトの「エース」としてマウンドに上がっていた。残

酷使によく耐えて、力投してくれた岡林

念ながら結果は惜敗というかたちに終わったが、その過程において彼の存在はチームの中心として機能していたと思う。

ただ、それが彼の投手寿命を縮める結果になったことについては、監督として大いに責任を感じている。後に述べるもう一人のエースとともに、岡林はピッチャー交代の基準として、私に「投球数」を考慮させるきっかけをつくった選手である。


岡林と同年、ドラフト3位で入団してきたのが、高津臣吾だった。当初は先発投手として起用していたのだが、サイドスロー投手の宿命というか、左バッターにカモにされるケースが多く、たいした能力のない選手にもポカスカとよく打たれていた。

そこで私は、当時西武ライオンズの準エースとして活躍していた潮崎哲也のピッチングに目をつけたのである。

週末、パ・リーグの試合はデーゲームが多く、テレビで見る機会も多かったせいで、その見事な投球にはしばしば感心させられていた。チェンジアップ、シンカーともにキレが素晴らしく、威力抜群だった。私は、高津と同じサイドハンドの潮崎が左バッターを翻弄《ほんろう》しまくる姿を見て、「これだ」と感じたのだ。

タイミングのとり方、緩急のつけ方、どれをとっても一級品なのである。彼が1年目を終えた直後、1991年の日本シリーズで西武は広島カープと戦っていた。

「高津よ、あのシンカーをよう見て盗め」

私はそう言い渡して、潮崎の投げるシンカーを研究させることにした。どういうボールの握り方、放し方をしているのか、スローモーション映像を何度も繰り返しチェックして盗んでしまえとアドバイスしたのである。

翌年のキャンプから高津は本格的にシンカーに取り組み始めた。潮崎のピッチングを徹底的に分析した結果、「中指と薬指の間からボールを抜いている」ことを発見した高津は、「自分にもなんとか投げられそうです」と目を輝かせている。私としても、このピッチャーが一人前になってくれたら大きな戦力アップになると確信していたので、「なんとかものにせい」とハッパをかけ続けたのである。

もともと腕がよくしなるタイプの投法だっただけに、シンカーとチェンジアップを完全にものにすれば、その効果は他のピッチャーの何倍もの威力となって現われる。いわゆる「腕が遅れて出てくる」ため、バッターは非常にタイミングがとりづらくなるのである。

やがて大きな武器を手にした高津は、それまで打ち込まれていた左バッターをまったく苦にすることなく、次々と料理していくようになる。

元来、コントロールはよく、度胸も満点の男だ。左打者対策にも自信がついて精神的に優位に立てば、ピンチに動じることもなくなるだろう。私は迷うことなく、彼をストッパーに任命した。やがて高津はヤクルトの抑えのエースとして、チームに多大な貢献を果たしていく。

「ノーコン井川」の覚醒

同程度の評価がついたバッターとピッチャーがいるなら、ピッチャーを獲得する。それがドラフト会議における基本姿勢であると、私は考えている。先にも述べたように、試合の行方は七割がたマウンド上の選手が決めるといっても過言ではない。

さらに言えば、右と左で同じ力をもっているならば、迷わず左ピッチャーを獲るのが常道であろう。世の中には左ききの人間のほうが圧倒的に少ない。それだけ貴重な戦力になる可能性が高いからだ。

1991年のドラフト1位で指名した石井一久は、「ノーコンだけれど、球はめっぽう速い左投げ」というスカウトからの報告を聞いて、「それなら獲ろう」と決めたピッチャーだった。

コントロールは努力によって矯正できる。しかし、球速というものは天性によるところが大きいからだ。しかも、高卒ということでフォームも固まっていないだろうし、脱ノーコンの可能性は高いと感じていた。実際、かなり苦労させられたが、古田の努力もあって好投手へと成長してくれた。

話がいきなり阪神タイガース時代に飛んで恐縮ではあるが、左ピッチャーのコントロール矯正という点で思い出されるのが、井川慶である。

このピッチャー、私が阪神の監督になった時点ではプロ入り3年目。まだ一軍のマウンドに立ったことはなかった。石井と同様、球威はあるのだが、まったくのノーコンで、どこへ放りだすのか見当もつかないような状態だった。その年、翌年と一軍で使ってはみたものの、どうにも不安定なピッチングから抜けきらない。

監督3年目、私は井川を先発ピッチャーとしてひとり立ちさせるために、ローテーションの柱に指名した。それなりに経験を積んだせいか、本来のストレートの力が生きて、まずまずの成績を残しつつあったのだが、それでもノーコンには違いない。

そんなある日、私は井川を呼びつけ、いろいろ会話をするうちに、彼がダーツを得意としていることを聞き出した。なにやら、プロ並みの腕前だという。的に当てるのがそれほどうまいのなら、コントロールがよくならないわけがない。

私はこれしかないと考え、アドバイスを送った。

「なあ、井川。得意のダーツ式で投げてみろよ」

甲子園では味方ファンのヤジがうるさくて集中できないだろうから、気楽に放れる横浜スタジアムを選んで登板させた。キャッチャーの矢野には、「きっちりサインを出して、ただ的をつくってやれ」と伝え、当の井川には、「相手打者はいっさい目線から消して、ただ矢野のミットを的だと思って投げ込め。要するに的当て投法だ」とだけ言っておいた。

その試合、井川はプロ入り初完封を達成した。もちろん、ダーツのようにひょいと投げたのではピッチングにならない。要は気持ちのもっていき方の問題である。井川には、「的に当てることに集中する意識」をマウンド上で再現させたのだ。ほんの些細な「気持ちの変化」が、こうして大きな成果へと結実したのである。

荒木大輔復活が優勝の原動力

再び、ヤクルト時代に話はさかのぼる。

中継ぎ、左のワンポイントとして数多くのピンチを救ってくれたのが、山本樹である。

この男はもともと、ブルペンでは目の覚めるようないいボールを放るのに、実戦では豹《ひょう》変《へん》してしまうタイプだった。いわゆる「あがり症」というやつで、緊張のあまり「ストライクが入らないんじゃないか」とか、「打たれたらどうしよう」などと余計なことばかりが頭に浮かぶ。おかげで、本来の力の半分も発揮できないでいたのだ。

度重なる失敗に、私も我慢の限界に近づいていた。そこでイチかバチか、ショック療法にかけてみることにした。先発投手に任命し、きつい言葉をかけて追い込んだのである。

私は試合前、山本にこう告げた。

「おまえ、今日ダメならクビかトレードだ」

どうせ緊張するなら、逆にもっとプレッシャーを与えてやれと思ったのである。いい意味で開き直りを期待したのだが、その効果はてきめんに現われ、それまで震えていた腕がよくしなり、見事な投球をした。以降の働きぶりは周知のとおりである。

人を育てるということは、つまり自信を育てるということでもある。

どのように接し、いかなる言葉を投げかければよいかは、相手次第。性格は千差万別であり、みな一様に褒めたり叱ったりしていたのでは、育つ可能性は低くなるばかりか、反発をくらって聞く耳すらもたれなくなる。そのへんのサジ加減が非常にむずかしいところであり、指導者としての醍醐味《だいごみ》でもある。

私が現役時代そうだったように、ふとした一言が選手を発奮させもすれば、傷つけもする。新人時代、素振りでできたマメの量を二軍監督に褒められたことはいまだに忘れないし、選手をめったにもち上げない鶴岡監督から試合後、「ようやったな」と声をかけられたときの胸の高鳴りは、いつになっても消え去ることはないだろう。

選手の性格の細部を知り、様子を観察することで、的確な指導を個々に与えていかねばならない。それも、長い監督生活のなかで学んだ必須項目のひとつである。


ここに紹介したほかにも、ヤクルト時代の私はたくさんのピッチャーに支えられて監督業を過ごしてきた。

川崎憲次郎や荒木大輔という、80年代からヤクルトに在籍していた二人の生え抜きは、故障に泣かされながらも、傷が癒えるたびに要所で力を出した。肉体的な故障で休んでいる選手に対しては、たとえ監督といえども無力なものだ。すべては本人の努力に頼るしかないのだが、彼らはプロとしてその責任を十分に果たしたのである。

特に荒木については、長い故障によるブランクから帰ってきて、いきなり優勝争いの真っ只中で力を発揮してくれたことが思い出される。

1992年のシーズン終盤、我がヤクルトは熾烈な優勝争いを演じていた。

先発投手のコマは足りず、大車輪のピッチングを続けていた岡林も、さすがに疲労の色が濃くなってきていた。

そこへ荒木が回復したとの情報が入ってきた。腰や肘の故障が癒えて、投げられる状態だという。ただし、前年までまるまる3シーズン、一軍のマウンドに立っていないピッチャーをいきなり大事な場面で登板させるには、大きなリスクがともなう。

私は悩んだすえに、彼がもっている度胸のよさに賭けた。こいつならやってくれる。そんなムードを荒木という男は感じさせたのである。

もちろん、勘にばかり頼ったわけではない。彼は高校時代に甲子園の大舞台を経験している。ファンの目にさらされることにも慣れている。並の精神力ではないはずだ。ということは、重要な試合になればなるほど、もっているもの以上の力を発揮してくれるに違いない。私にとって、マウンドへ送り出すだけの「根拠」は揃っていた。

彼はその期待に見事に応えた。たった4試合の登板だったが、投球内容もさることながら、復活の喜びはチーム全体にも活気を与え、優勝への最後の原動力となったのである。

ピッチャーにとって球の速さやコントロールは、当然重要な要素ではある。しかし、それと同等に注目しなければならないのは、その選手が秘めている心の強さだ。または「気」の力とでも言うべきか。それこそが、数字には表れない「無形の力」となって勝負の行方に大きく影響を及ぼすのである。

松井秀喜か、それとも伊藤智仁か

プロ野球チームにとって、ピッチングスタッフの充実は勝利への必須条件である。そこがしっかり整備できれば、チームづくりの大半は終わったようなものだ。

ほとんどの野球関係者がこの意見に同意すると思うのだが、なかにはそうとも言えないチームがある。

そう、読売ジャイアンツだ。

巨人といえば、かつては、藤本（中上）英雄さん、別所毅彦さん、藤田元司さんらがエースとして君臨し、その後も城之内邦雄、堀内恒夫、さらには江川卓、西本聖の時代を経て、斎藤雅樹、槙原寛巳、桑田真澄という三本柱へと続く「投手王国の系譜」があった。しかし、ここ十数年のチーム編成を振り返ると、彼らがいかにピッチャーの存在を軽視してきたかが一目瞭然である。

フリーエージェント制度が導入された90年代半ば以降、巨人は豊富な資金源を背景に、次から次へと「四番打者の乱獲」に励んできた。落合博満、広沢克己、清原和博、ロベルト・ペタジーニ、江藤智、小久保裕紀、そして、小笠原道大……ネームバリューだけなら毎年優勝してもよさそうな顔ぶれを揃えてはきたものの、1994年以降、14年間でリーグ優勝は5度（そのうち2007年はプレーオフで中日に敗れ、日本シリーズへは進出していない）にとどまっている。

執拗《しつよう》にホームランバッターにこだわり、それでいて思うような成績を残せないことで、彼らは逆説的にピッチャーのほうが重要であることを証明しているようなものだ。ONの時代に定着してしまった「打撃崇拝神話」は、その後のチームづくりに深い影を落としている。そうとしか理解できない。

その習性は、ドラフト会議においても同様だった。

1992年のドラフト会議は、バッターとピッチャー双方に逸材が揃い、どのチームが希望する選手を引き当てるかに注目が集まっていた。ちなみに、この年は、翌年から「逆指名制度」がスタートするため、たとえ1位でも指名が重複すればクジ引きが行なわれる最後の会議だった。

話題の中心は、なんといっても超高校級スラッガーと評判の松井秀喜（星稜高校）だった。同年夏の甲子園では、相手チームが1試合で5連続敬遠という前代未聞の作戦に出たことで、一般的な知名度も急上昇していた。バルセロナ五輪出場のための「凍結」が解除された二人の投手、伊藤智仁（三菱自動車京都）と小桧山雅仁（日本石油）にも焦点は当てられたが、周囲のムードは「松井一色」である。

ヤクルトのスカウト陣も、こぞって松井を推した。

「監督、この選手は10年に一人の逸材ですよ」

と褒め言葉をならべ、

「向こう10年は四番バッターに困りません」

といって先導しようとする。

たしかにそうかもしれない。しかし、私はあくまでもピッチャーにこだわった。選手獲得の基本理念を曲げたくはなかったし、いざとなれば四番は外国人で間に合うと考えていたからだ。

優れた素材との出会いはそうめったにあるものではない。ことピッチャーにかぎってみれば、なおさらその確率は低くなる。

アマチュア球界を見渡してみれば、強打のバッター、守備のうまい選手というのは各チームに二人や三人はいるものだ。しかし、好投手は一チームに一人いるかいないか、即戦力として見込める選手となると、スカウトが全国くまなく探し歩いたところで十指に満たないことが多い。つまり相対的に見て、いいピッチャーはバッターに比べて圧倒的に数が少ないのである。

だからこそ、どんなに将来性豊かなバッターが現われようと、ピッチャーに光る素材が見つかればそちらを獲りにいく。ホームランで1点をとるよりも、0点で抑えてしまうほうを優先する。それが野球の本質であり、道理というものだ。それで、ヤクルトはその年、伊藤智仁を指名したのだ。

伊藤智仁に見たエースの品格

「ピッチャーだけは、なかなか出会いが難しい。ここは伊藤にしてくれ」

私は球団にそう頼んで、方針を転換してもらった。

各チームの1位指名選手が公表されると、予想どおり松井には4球団が重複。当然のごとく巨人もそのなかに含まれていた。そして、伊藤に対してはヤクルトのほか、広島カープ、オリックス・ブルーウェーブの3球団が名乗りをあげた。

終わってみれば、松井は長嶋監督が引き寄せて、巨人入団が決定。伊藤はこの私が当たりクジをつかみとり、ヤクルトへやってくることになったのである。「交渉権獲得」の文字が出てきたときは、〝黄金の左腕〟相馬社長の強運が乗り移ったかのようで、思わず身震いがしたものだ。

結果的に「ドラフトの勝者」扱いを受けたのは巨人だったわけだが、私としては周囲の声など気にもならず、大満足であった。ただ、私はこの時点で彼のピッチングを実際に見たことはなかった。その年の夏に行なわれたバルセロナ五輪に日本代表チームの一員として参加、大会最多の27奪三振をマーク、高速スライダーのキレがよく……云々。すべて、スカウトからの情報が頼りだったのである。

いよいよ1993年の春季キャンプが始まり、伊藤のピッチングを目の当たりにすると、私の期待はいやがうえにも高まった。

真っ直ぐのスピード、変化球のキレなど技術的な能力はもちろんのことだが、攻撃的な性格や野球に対する姿勢に感じ入ったのである。

全身からにじみ出る精神力、表情からは向こうっ気の強さが伝わってくる。さりとて、驕《おご》るところがひとつもない。私やコーチの話に対しては、きちんと耳を傾ける真摯《しんし》な態度にも好感がもてた。

温厚そうに見えて、内面には恐ろしい闘志を秘めている。まさに「外柔内剛」という言葉がふさわしい、エースの品格をもちあわせた男だった。

シーズンが開幕すると、伊藤の快投乱麻が始まった。かなり高いレベルで期待をしていたのだが、そのピッチングは予想以上の素晴らしさだった。特にスライダーについては、それまでの「概念」を超える威力を見せつけてくれた。

ある夜、私は神宮球場での広島戦を終えて、馴染みの寿司店で妻と夕食をとっていた。伊藤が完封劇を演じた直後のことだ。すると、そこへ当時、広島の中軸打者であった金本知憲が偶然にも現われ、いきなり話しかけてきたのである。

「それにしても監督、伊藤智仁っていうのは凄いですね」

金本は、伊藤のピッチングを絶賛するのだった。

彼が言うには、伊藤のスライダーは「スライダーじゃない」のだそうだ。あれはフォークボールを捕らえる感覚で待っていなければついていけない、と。

スライダーはフォークのようなストレート系の変化球ではないので、ややピッチャー寄りで変化する。わずかな差ではあるが、手元に近づいてから落ちるフォークより対応はしやすい。しかし、伊藤の場合、バッターの手元にきて急激な変化をするので、タイミングを合わせて打ち返すのは容易ではない。

それは、打席に立った者しかわからない感覚だった。

そして、金本ほどの好打者がそう言って舌を巻くのだから、よほど次元の違うボールなのだろうと、私は得心がいったのである。

伊藤の投球に見とれてしまった私

1993年のペナントレースが前半の佳境にさしかかった6月9日、石川県立球場で行なわれた巨人との一戦は、私にとって忘れられない試合となった。

先発した伊藤は8回まで巨人打線を無得点に封じていた。スコアは0対0。このままいけば延長戦に突入である。

それまで私は、選手、監督時代を通じて味方のピッチャーに対して過大評価を慎むというか、あまりひいき目には見ないことにしていた。

ところが、その日の伊藤のピッチングはベンチにいる私を魅了してやまなかった。

夢中になって見とれてしまったのである。こんなことは長いプロ野球生活でも、そう何度もあることではない。それはコーチ陣とて同じで、言葉を発することなく、ただただ目の前の奪三振ショーに心を奪われていた。投球数のことなど、誰も気づいてはいなかったのである。

「おい、今、何球だ」と聞くと、いつもなら「103球です」とか返ってくるのに、このときは誰もカウントしていなかったのだ。

8回を投げ終わって奪三振数は15に達していた。あとひとつでセ・リーグタイ記録。本人は「まだ大丈夫です」と元気な言葉を返してくる。内容も申し分なく、スイスイと相手を打ち取っている。であれば、交代させる理由はどこにもない。

しかし、〝夢〟は突然終わりを告げた。

9回裏二死から伊藤が投じた150球目を篠塚利夫がライトスタンドへはじき返して、試合が終わったのである。1対0のサヨナラ負けだった。

後になって「無理をさせすぎたかな」と悩んだ。なぜ球数を確認して、交代させてやらなかったのか。私の采配は間違っていたのか、と。

しかし、あのときの私にはそれはできなかった。もし球数に気がついていれば、本人と話し合って交代させていたか？

いや、それはなかっただろう。

私は「恩情に報いる力」というものを信じている。情けをかければ、誰しもそれに応えようとする。それが人間であれば。あの感動的なピッチングを見て、どうして非情な采配がとれるというのか。

話が少々それるがお許しいただきたい。

ユマキャンプで投球練習をする伊藤智（奥は岡林）

2007年の日本シリーズ第5戦で、8回まで日本ハム打線をパーフェクトに抑えていた中日の先発・山井大介が、空前の大記録を目前にマウンドを降りた。落合監督は、「ウチの勝ちパターンなのだから当然」と言わんばかりに、ストッパーの岩瀬仁紀を送り出したのである。

人それぞれに哲学があるのだろうから、とやかくは言いたくない。ある意味、それは自分の意思を貫く立派な行為ともとれるだろうし、勝利への執念とも受け取れる。

しかし、私が監督ならとうていあの場面での「交代」はありえない。「知」や「意」より先に「情」をもって選手と接する。それが私の信念であり、人生哲学だからだ。

伊藤智仁に話を戻そう。

あの驚異的なピッチングを生み出す肉体には、極めて稀《まれ》な特徴があった。肩の可動域が人よりも断然広いのである。それはピッチャーにとってひとつの大きな武器となる。「腕が遅れて出てくる」ため、バッターは非常にタイミングを合わせづらくなるからだ。しかし、彼の場合、それはとてもキレ味鋭い両刃《もろは》の剣だった。いわゆる「肩関節不安定症（ルーズショルダー）」だったのである。

肩関節が外れやすく、それが神経を刺激すると痛みが走る。緩和するには、テイクバックを小さくして投げるしかないが、それにも限界がある。

伊藤は7月に肩の痛みを訴えて戦線を離脱した。

その時点で7勝2敗、防御率0・92。実働はわずか3カ月間だったが、シーズン後、文句なくセ・リーグの新人王に選出された。

その後、肩の手術を施して1997年にはストッパーとして復活し、もう一度花を咲かせることはできたが、現役生活のほとんどが故障との闘いであり、あの驚異的なピッチングを披露する機会があまりにも少なかったことは残念でならない。天が与えた試練だったとはいえ、私が慎重に使ってやれば、少しは寿命が延びたのかもしれない。その点については責任を感じているし、申し訳ないことをしたと思っている。

しかし、ヤクルト以降の監督生活を振り返って回想するに、故障という大きなハンディを差し引いてもなお、伊藤智仁という人間こそ〝真のエース〟になれるただ一人のピッチャーだった。岡林、川崎、荒木、高津……彼らもまた素晴らしいピッチャーであることに違いはない。そのなかでも、伊藤の技量、風格は際立っていたのである。

長期離脱さえなければ、彼はおそらく「チームの鑑」として、さらなる貢献を果たしてくれた違いない。

日本一で生じた気の緩み

守備面に目を転じると、ヤクルト時代にはセンターラインの重要性というものを再認識させられた。

キャッチャーは言うに及ばず、二遊間からセンターにかけて、縦に貫く一本の線がしっかりしていれば、おおむね陣形の骨格は完成したのも同然だ。

古田、池山、そして飯田とつながるラインは鉄壁であった。90年代末期には、宮本慎也が池山に取って代わったが、彼の守備には大いに助けられた。センターへ抜けるはずの打球をアウトにしてしまう。肩はやや弱かったものの、それをカバーする技術と守備範囲は驚くべきものだ。

「中心なき組織は機能しない」という銘文にかけていうなら、「中心線こそチームづくりの基本」なのである。

かつて、「新幹線経営」というスローガンを打ち出した企業家がいた。

経営者一人が先頭に立って社員を牽引していくのではなく、列車のひとつずつ、つまり社員全員が動力源となって前進していくことを目指すのである。そのためには、社長の意図や方針を全員が理解し、同じ方向に向かって走らねばならない。それが実現すれば、業績は飛躍的に上昇し、経営も安定していくという考え方だ。

私のチームづくり、勝利の哲学とも一致する。

だが、昨今は日本の企業においても、かつてのような終身雇用、年功序列に基づく古い常識が崩れ去り、実力優先を土台にした競争原理が定着したようだ。優秀な者はどんどん転職し、自分のキャリアアップを目指すという。そんな時代に「新幹線経営」など成立するはずがない、と思われる方も大勢いるだろう。

それはまさしくプロ野球にも当てはまる。というより、この世界はもともと自分の腕一本を頼りに飛び込んできた者たちの集団であり、個人成績がそのまま収入に直結する契約社会だ。監督の考えを選手全員が理解してくれれば、これほど楽なことはない。

ところが、現実はそうではないのである。

口では「チームの勝利のために」などと言ってはいるが、心のどこかに「自分さえよければ」という思いが潜んでいる。「チームを優先して自分の成績が落ちたら、誰が責任をとってくれるのか」という考えをもっても不思議ではない。

このように、うっかりすると即座に個人主義化するプロ野球とは、チームを預かる監督

97年、西武との日本シリーズを制し、抱き合って喜ぶ高津と古田

にとって、実に厄介な世界だ。しかし、だからこそ「新幹線経営」ならぬ「新幹線チーム」に一歩でも近づけるために、私は団体競技の本質を説き、人間教育に力を注いできたのである。

幸いにして、ヤクルトの選手たちは貪欲《どんよく》に私の教えを吸収してくれた。

彼らにはみな「勝ちたい」という前向きな姿勢と、そのために「知識や考え方をものにしてやろう」というハングリー精神が宿っていた。人間的成長をうながす土壌がそれだけ豊かだったということだ。この前提がなければ、私の教育も空振りにおわった可能性が大きい。そしてもちろん、あの輝かしい成果もなかったことだろう。

惜しむらくは、連覇ができなかったことか。

優勝した翌年は決まってＢクラスへ落ちてしまった。

見方を変えれば、悪例ではあるが、それもまた監督と選手との密接な関係を示していると言える。一度日本一になってしまうと、どうしてもホッとする。まず私がそういう気分になってしまった。気持ちの緩みは以心伝心で選手に伝わり、チーム全体から緊張感を奪い去ってしまったのだ。

「俺もまだまだ、人間ができていないなぁ」と、そのたびに反省したものである。

殴ったほうはその事実を忘れても、殴られたほうはけっして忘れない。やられたらやり返す。それが勝負の世界だ。わずかな隙《すき》も〝やる気〟になっている敵は見逃してはくれない。負けてはじめて悔しさを思い出し、勝っては安堵《あんど》する。それを1年おきに繰り返してしまったのである。

監督と選手が一体となったとき、チームは本物の力を生み出す。それが叶《かな》わなかったときは、もはや組織は機能不全に陥っているのだ。

「信なくば立たず」という論語の一節は、私の座右の銘である。信頼関係がなければ人間同士で何かを成し遂げることはできない。上に立つ者に信念がなく、自信も失ってしまえば誰もついてはこない。

ヤクルトでの9年間で、私は改めてその言葉の意味を実感させられたのである。

第4章

エースも四番もいなかった阪神

阪神に見た〝負〟の伝統

私は「理をもって野球をする」ことを信条としている。敵の情報を集積し、頭を使って戦略を練り、自信という「無形の力」を手にすれば、たとえ相手が実力的に上回るチームでも勝つ可能性は十分にある。

ヤクルトの9年間で、私はそれを証明してきたつもりだが、そこには「知」を吸収しようとする土壌、「情」を引き出す人間関係、「意」に向かって進む団結心があった。その根本にはもちろん「信」という絆《きずな》があったことは言うまでもない。

しかし、等しく野球を生業としているチームでも、置かれた立場、歩んできた歴史によっては異次元のような環境が形成される。私の阪神タイガース監督時代は、まさに歴史への挑戦であり、環境との闘いの日々であった。

阪神タイガースといえば、読売ジャイアンツと球界の人気を二分してきた古豪であり、特に関西においては圧倒的な支持を「無条件に」得てきた化け物球団である。私は長年、日の当たらないパ・リーグで現役生活を送ってきたから、それは身にしみてよくわかっていた。いくらこちらが好成績を残そうが、記録を打ち立てようが、翌日の新聞の一面はすべてこの2球団にさらわれてきた。それが反発心を生み、セ・リーグになど負けるものかと、歯を食いしばって対抗してきたのである。

ただし、同じ人気球団であっても、巨人と阪神ではその体質に大きな隔たりがあることも伝わってきていた。球界の盟主を自負し、規律と統制を重んじる巨人と比べて、人気にあぐらをかき、スター選手を甘やかし放題の阪神はおよそチームの体《てい》をなしていないのではないか。外から見ていても、それはひしひしと感じられた。

現役時代、オープン戦で甲子園球場を訪れたときのことだ。選手食堂内に明確な境界線が引かれていることに気がついた。いわゆる「派閥」のラインだ。

ある場所は吉田（義男）派、距離を置いた一角には村山（実）派、さらには小山（正明）派が寄り集まり、食事をしている。そこに張りつく新聞記者連中にも色がついており、他派閥の記者が近づいていっても口をきこうとすらしないのだ。

これは異様な光景だった。こんな集団はチームではないと思った。そして、これだけ好選手がそろっていながら勝てない理由が見えたような気がしたのである。

その「伝統」は90年代にいたるまでまったく改まることはなかった。どんなに成績が悪化しようが集客力は抜群で、メディアはこぞって取り上げてくれる。球団としては儲かればそれでよく、チームを支えてきた中心選手たちも用済みとなれば容赦なく放り出す。フロント、監督、選手のすべてがバラバラに野球をやっているようなもので、もし仮に「チームの鑑」となってしかるべき実力と人格をあわせもつ選手がいたとしても、組織自体にそのエネルギーをすべて吸い取ってしまう負の力があるのだろう。これは「人づくり」など云々する以前の問題である……と、それまで阪神に対する私の印象は最悪なものだった。

ところが、なんと、ヤクルトの監督を辞したそのオフ、私に対してそのチームが「監督になってくれ」とオファーしてきたのだ。

人生には三つの坂があるという。「上り坂、下り坂」、もうひとつが「まさか」という坂である。テスト入団でプロの世界に身を投じたそのときも含めて、私が歩んできた道のりには幾多の「まさか」が待ち構えていた。

「もうそろそろ平坦な道にさしかかったのかな」と思っていたら、そこにとんでもない「まさか」が現われたわけである。

「エースと四番を獲ってください」

この依頼を受けたとき、私はこう考えた。

「本気で私を指揮官に指名しているのなら、いよいよ阪神というチームも本腰を入れて改

98年、秋季練習中の阪神ナインに挨拶する野村監督

革に乗り出すのだろう」と。

1985年に、ほとんど怪奇現象ともいえる攻撃力で日本一になった阪神は、翌々年に最下位へ転落して以降、12シーズンでAクラスはわずかに1度、最下位が7度という極度の低迷を続けていた。さすがに甲子園球場の「入り」も減少の一途をたどっていた。それまでのように「子飼い」の監督を据えて目先を変えるという手法では、もうどうにもならないところまできているという認識があったのだろう。

しかし、現実はそう甘くはなかった。

初めて選手を集めてミーティングを開いたときに、その場の空気がヤクルトのときとはまったく違うことに私は気づいた。目の前の選手たちから「あんた、いったい何しにきたの」というムードがひしひしと伝わってきたのである。

勝つための意識改革を断行すべく、凝り固まった「負けグセ」を取りのぞいて自信を植えつけようと懸命に話を進めるのだが、それぞれが怪訝《けげん》そうな顔をするばかりで、耳を傾けている者などほとんどいない。

「野球は理屈でやるもんじゃないですよ」

そう言い返されているような気分になってくる。私は明らかに歓迎されていない。招かれざる指揮官というわけだ。

これが「伝統の重み」というやつだ。いくら負けても関西のメディアはもちあげ続け、街へ出ればチヤホヤされる。金持ちのボンボンに「しっかり働いてトップを目指せ」と説教したところで、暖簾《のれん》に腕押しである。

私は力を振り絞り、自らの思いをぶつけてきたつもりだが、プライドだけは高い生え抜きの中堅たちにはなかなか浸透しなかった。

人気があるといっても関西限定である。私はあるとき田中秀太（登録名＝秀太、内野手）をつかまえて、「大阪で一面を飾ったからといっていい気になるなよ。全国区になってからだ」と、教え諭したものだ。鉄は熱いうちに打て、である。一時が万事、人気チームの面々を教育するのは骨の折れる作業だった。

私は千言万語を費やして勝つための組織づくりについて語りかけた。「変わらなければ何も始まらない」と、選手たちには噛《か》んで含めて伝えてきたつもりだ。しかし、もし彼らの意識を変えられるとしても、この顔ぶれではあと何年かかるかわからない。せめて、チーム内に率先して「変化」を促す中心選手がいればよいのだが、そういった資質、条件を備えた者は見当たらない。

1年目のオフ、私は久万俊二郎オーナーに、「エースと四番を獲ってください」と直訴した。この状態では、投打の柱となりうる人材は外部から導入するほかないと考えたのである。

ところが、その切なる願いも、球団フロントという伏魔殿に吸い込まれては、跡形もなく消えてしまうのだった。

長期低迷の原因は編成にあり

現有戦力を動かし、勝負するのが監督ならば、その戦力を見出して現場に送り込むのが編成部である。それは新しい血を全身に供給する、いわば球団組織の心臓部といえよう。

阪神は当時、この「心臓」がガンに冒されていたのである。しかも、末期的。聞いた話によると、人間の体のなかで唯一、心臓だけはガン細胞が発生しないそうだが、組織においては立派に「悪性腫瘍」が育っていくものだ。

チームとは、監督一人の力で底上げできるほど単純なものではない。私がいくら理論をふりかざし戦略を立てようとも、選手たちの力が「戦えるレベル」になければ大きなハンディとなる。阪神がそれまで長期低迷にあえいできた根本的な原因は、まぎれもなくいいかげんな編成部にあったことは疑いようもない。

ヤクルトの監督としてドラフト会議に出席していたころの話だ。

阪神はよく意外な選手を指名してくるので、当初、そのたびに隣席のスカウトたちに「知らん名前だが、どんな選手なの」と確認をとったものだ。

しかし、彼らは一様に「監督、問題ありません。阪神はノーマークですから」と、歯牙《しが》にもかけないのである。つまり、他球団からも完全にバカにされていたのである。

地域ごとの担当が足を使って素材を吟味し、これだと思った選手に対しては時間をかけて粘り強く交渉する。先方の心をつかみ、いい関係を築き上げていくのがスカウトの仕事だが、阪神の場合はそこでも「人気球団の驕り」とでも言おうか、まったく動かず築かず、逆に相手の心証を悪くする態度をとっていたらしい。

また、他チームとの競合を避け、獲りやすい選手にしか手を出さない。もし目をつけた

「獲物」がいたとしても、他が乗り出してくればスッと身を引いてしまうのだ。すべてのスカウトがそうだったとは断言できないが、少なくとも90年代以降、これでもかと負け続けてきた理由は明白だった。

阪神へやって来て最初のドラフト会議。私は事前に何度も「即戦力のピッチャーをお願いします」と念を押しておいたのだが、1位指名は高校生、藤川球児だった。彼は後年、守護神となって優勝への原動力となるわけだが、その時点では私の要望に叶《かな》う選手ではなかった。

2年目にはスカウト連中が強く推薦する「大型内野手」的場寛壱を1位に指名した。「10年に一人の逸材ですから」と、どこかで聞いたことのあるようなうたい文句で押し切られ、またも即戦力ピッチャーという願いは無視された。このときの内野手は、中学時代にアキレス腱を断裂した過去があり、走力に致命的な欠陥があることが後に発覚した。なんということか。

3回目のドラフトでは、ようやく藤田太陽という「エース候補」を逆指名で獲得することができた。しかも、巨人との競争に勝ったという点で評価できる。ただし、喜ぶのはまだ早かった。

2月末のキャンプ終了間際になっても、藤田はまだキャッチボールしかしていない。

「どうしたんや。ぼちぼち全力で投げとかんでもええのか」

私がそう声をかけると、「じゃあ、投げてみます」と言って投げ込んでみせるも、肘を痛めて早々にリタイアしてしまうのである。その後、手術を受けて再起を目指していると は聞くが、私にとっては後の祭り。ようするに、アマチュア時代にすでに壊れていたのだ。

またしても、なんということか、である。

結果的に、私は3度のドラフト会議で即戦力の先発ピッチャーは一人も手に入れることができなかった。

私の残した「遺産」

阪神の編成、スカウトのなかには、いい仕事をしていない人間が数多くいた。業を煮やした私は、2年目のオフ、ついに久万オーナーのところへ出向いて吠《ほ》えまくることになる。

「オーナー、あなたは勝てなくなると、監督を取り替えればチームが強くなると思っていませんか。組織はリーダーの能力以上には伸びないといいます。オーナーが変わらなければば、いつまでたっても最下位のままですよ」

言いたいことをどんどんぶちまけた。

「野村くん、君は言いにくいことをはっきり言うね」

「ええ、言いますよ。僕は偉くなったことがないからわからないけれど、オーナーになると、周りの人間はみな気持ちのいい耳ざわりのいいことしか話さないんじゃないですか」

「そりゃ、そうだが……」

久万さんの声がだんだん小さくなっていく。彼が言うには、それがゴマすりや甘言だとわかっていても、言われる身としては「悪い気はしない」ものらしい。これほどの惨状を目の当たりにしても、その改革に着手しないわけがわかってきた。

「たまには、僕のように直言苦言する人間を大事にしてください」

私は3時間半にわたってオーナーに説教し続けた。相手は齢《よわい》80を超えた人生の大先輩であり、阪神電鉄を背負って立ってきた大経営者である。しかし、こと野球に関しては、私も譲るつもりはない。

「いいですか。編成部といえばチームの心臓部です。ここから治療しないと絶対に強いチームはつくれません。ぜひ、阪神タイガースを変えてください」

久万さんは鉄道経営のプロだったかもしれないが、野球に関してはまったくの無知であった。低迷中のチーム事情を知る手段は、きまって新聞から得た一方的な情報である。トラ番記者が書いた監督やチームの悪口をそのまま鵜呑《うの》みにして、判断材料にしていただけなのだ。球団の部下たちは先述のとおり、おためごかしの提言しかしない。これでは、まともな球団運営ができるわけもない。

席を立った私は、「これで変わらなければ、もうなす術はない」と覚悟していた。

果たしてその直後、久万オーナーは編成部の大改造を断行する。まず部長を更迭し、外部から新任者を招きいれた。さらにスカウト陣もほぼ一掃し、血を入れ替えたのである。念ずれば通ずる。思いのたけをぶつければ、人の心は動くのである。そして、久万オーナーの英断に対して、私は素直に敬意を表した次第である。

私はこれまで「人づくり」「チームづくり」について滔々《とうとう》と述べてきた。人間的成長なくして技術の進歩はないと繰り返し主張し、教育や指導に力を注いできたつもりだ。ただし、それは「戦えるレベルの素材」があってのものだねである。

まず人を集めなければチームはつくれない。芽の出る種がなければ、監督がいくら水をやっても花は咲かない。

就任中の3年間、私はチームを最下位から引き上げることはできなかった。私の薬籠《やくろう》のなかには、彼らに効く薬はなかったということだ。長年にわたって培われた習慣という病は、そうやすやすと治療することはできない。そのことを思い知った。結局、私は「チームの鑑」を見出すどころか、それ以前に選手たちとの闘いに敗れてしまった。力の及ぶ範囲においてさえ、満足に仕事ができなかったことは大いに悔やまれた。

「理に勝って非に落ちる」とは、まさにこのときの心境である。

ただ、編成部の「大手術」という点では、大きな「遺産」を残せたのではないだろうか。あのときオーナーへ諫言《かんげん》していなければ、その後の阪神の躍進があったかどうか。

組織改革という言葉は使い勝手はいいものの、実行するにはさまざまな条件が必要である。その最たるものが「血の入れ替え」である。外部から強烈な刺激をもちこまないかぎり、ビクとも動きはしない。

私は阪神を去るとき、「後任は星野仙一しかいない」と進言した。このチームは「怖い指導者」がやって来なければダメだと確信したからだ。私のように「理」に勝ちすぎるタイプより、情熱的で少々手荒な手法を用いる者でなければ、道は開けないと思ったのである。ちょうどタイミングよく、星野は中日の監督を辞めたばかりだった。

「大丈夫ですか。来てくれますかね」

と、心配する野崎勝義球団社長に、私は太鼓判を押した。

「誠意をもってオファーにいけば、きっと来てくれますよ。人間だもの」

野球人ならば、いつだってユニフォームを着たくてしかたがない。それも計算ずくのアドバイスである。案の定、星野は監督就任を快諾し、その後編成部とともにチームを大改造してセ・リーグ制覇へと導いていく。1年目に選手の特性や資質を吟味し、そのオフには選手を大量に入れ替えたのだ。日本ハムからトレードで下柳剛を獲得し、広島をFAとなった金本を引き入れ、「チームの中心」をかたちづくった。新しい血の導入によって、阪神を生まれ変わらせたのである。

星野は優勝した直後のインタビューで、「野村前監督の遺産で勝たせてもらった」という趣旨のコメントを残した。自分の手柄だと自慢したいところを、よくぞこの男は私の名前を持ち出したと感心しつつ、内心こそばゆい気持ちになったものだ。「功は人に譲れ」の精神である。

「野村の遺産」と言った星野の凄さ

これからの話は、私のうぬぼれと解釈していただいて結構である。

南海でプレーイングマネジャーを務めて以来、現在の楽天にいたるまで、私は四度もプロ野球チームの監督という職に就かせてもらった。

そのつど、状況や環境に合わせながら、私は持論を説き、チームを正しい方向へと導く努力をしてきた。南海時代はまだ若く、ブレイザーの助力なしには「兼任」という常識はずれな役目はまっとうできなかったが、それでも「四番・キャッチャー」という「チームの鑑」となるべき立場から、他の選手たちを引っ張ってきた。今、思い返すのは、私が去った後、そのチームがどういう道のりを辿《たど》ったかということだ。

新任監督というものは、おそらく「自分のカラーを出したい」という欲が湧いてくるものである。まあ、それで勝てればよい。勝っているときは、「これだからプロ野球の監督は3日やったら辞められない」と誰しもが優越感に浸れる。

しかし、ことはそう簡単には運ばないのである。まず何をもってチームを率いる縁《よすが》とするか。それは、前任者がどのような野球をやってきたか、いかなる意識を選手たちに植えつけてきたかに大きくかかわる。管理の〝か〟の字もなく、理論の〝り〟の字もないままに、ちゃらんぽらんに監督業をこなしてきた者の後であれば、まっさらな状態で臨むこともできるだろう。逆に、それまできちんとチームづくりの土台を築いていた者の後任となれば、それを道標にすることが最も適切な方法である。

私の後任者たちはどうであったか。

1978年、私の後継として南海ホークスを預かったのは広瀬叔功だった。50年代後半から70年代にかけて、チームの主力として働いてくれた「元祖・盗塁王」である。

彼は監督に就任するや、それまでの「野村色」を一掃しにかかった。最初のあいさつで、「これからは俺の野球をやる。野村の野球は全部忘れてくれ」と宣言したそうだ。だが、その前年まで、チームは優勝こそ逃したものの2年連続でシーズン2位という位置につけていたわけで、客観的に見てもこれは大胆な発想ではないだろうか。選手たちの頭にも一様に疑問符が浮かんだという。

現役を引退したばかりで、清新さを前面に打ち出そうとしたのだろう。しかし、その意気込みは空回りし、以後3年間は最下位、5位、最下位という結果に終わってしまった。南海はそれから低迷を続け、一度もAクラス入りを果たせぬまま、1988年にダイエーへと身売りされるのである。

広瀬の名誉のために付け加えておくが、当時の南海は主力の流出が相次ぎ、戦力補強もままならぬ状態であったことはたしかだ。チームをよく鼓舞し、1980年には一時首位に立つなど、彼の手腕は徐々に発揮されつつあったと見ることもできる。ただ、過去の「遺産」をすっかり無にして出発するのは、新人監督にとってあまりにも無謀と言わざるをえない。

ヤクルトの監督は若松勉によって受け継がれた。私は田口代表から「若松をなんとか指導者として育ててやってほしい」と言われ承諾していた。

彼は私が就任する前年に現役を引退し、以降打撃コーチや二軍監督として選手の育成に尽力してきた功労者である。一軍のコーチ時代は、ベンチのなかでつぶさに私の采配を見つめ、熱心に耳をそばだてていた。

そばに近寄ってきては、「監督、どうしたらそういうアイデアが出てくるんですか。凄《すご》いなぁ」と溜息《ためいき》をついている。なんて素直な男だろうと、こちらのほうが感心したいくらいである。と同時に、この男は私のやり方を完全に認めてくれたと感じたのだ。

彼が監督として残した実績は、7年間でAクラス4度、うち2001年には日本一に輝くなど、堅実なものであった。その間、FAによる主力選手の流出が相次ぎ、一方では特定球団による「大物の乱獲」が続いたことを忘れてはならない。シーズン前には決まってBクラスと予想された状態からの成果である。

ようするに、若松は私が残していった「遺産」を大切に受け継いでくれたのである。ヤクルトのその後の安定ぶりを見るにつけ、9年間、知力と情熱を傾けてきたことが改めて報われたような気がした。それは、若松という人物が誠実で驕ることなく、選手たちを正しい方向へと導いたおかげでもある。その結果、外野手出身の監督として史上初の日本一という栄誉を手に入れたのである。

翻って、後任の古田の場合は、広瀬と同じで「野村カラー」を払拭しにかかったふしがある。同じキャッチャー出身で、「俺こそが強いヤクルトの象徴だった」というプライドもあったろう。いわゆる「オレ流」にこだわったのだ。しかも、兼任という途方もない重責を担ったものだから、相当に割り引いて評価してやらねばならないが、それまでのチームの流れを冷静に判断し、あまり背伸びせず「遺産」を受け継ぐ素直さがあれば、もう少しいい結果を残せたかもしれない。

阪神の後継監督となった星野については、すでに述べたとおりである。彼ははっきりと「野村の遺産」という言葉を使って、私をもちあげた。そこに彼自身のやり方、指導哲学が大きく加味されたことは言うまでもないが、あそこまで明言できたことに対して、年下ながら私は星野に畏敬《いけい》の念さえ抱いてしまう。

監督が交代すると、選手たちは間違いなく前任者との比較をする。言い換えれば、値踏みを行なうのである。先に述べたように、そこで新任者が確固たる意思と方向性を打ち出し、選手たちの頭脳をリフレッシュさせればよいのだが、私が去った後に残された選手たちの頭のなかは、おそらく「野村の言葉」で充満していたはずだ。

人間とは厄介なもので、目上からの説教が効いてくるのは後々になってからだ。その人物が消えていなくなると、不思議にその言葉がよみがえり腑《ふ》に落ちてくる。または教訓として身にしみてくる。しかし、がみがみ言われている間は「うるさいな」としか感じない。あるいは何のことやら理解できない。

私の指導はこれに当てはまるのではないかと思っている。辞めた後、「ようやく野村さんの言っていることがわかってきました」とか、「今の自分があるのは、あのときの言葉があるからです」と、大勢の卒業生たちが私のところへやって来ては口々にそう言う。「もっと早く気がつけよ」と言いたいところだが、人はそう都合よくはできていないのである。

いずれにせよ、私が去った後もそのチームが安定して好成績を残しているのを見るにつけ、自分の指導法、教育方針は間違っていなかったと意を強くする。プロ野球生活を五十余年経験した私としては、野球理念・理論だけは誰にも負けないという自負がある。「野村の教えは、長くじわじわと効果を発揮し続ける」というのも、悪い話ではあるまい。

第5章

「エース」と指導者の関係

鶴岡監督の軍隊式管理術

私が常に口にする「チームの勝利を第一に考えよ」という教えは、当然のことながら一朝一夕でかたちづくられたものではない。自己愛から脱却し、チーム優先主義に徹しきれる者こそリーダーの素質ありと見てよい。その「思考」の根源にある経験譚《たん》を披露しておきたい。

好むと好まざるとにかかわらず、現役時代に受けた監督からの影響は、後に自分が指揮をとるようになったとき如実に現われてしまうものである。

それをどう受け止めるのかは人それぞれだ。頭から否定してかかる者もいれば、すべてを踏襲しようとする者もいる。「模倣もまた創造なり」という言葉があるように、すべてオリジナルでつくりあげようとするより、真似をしながら徐々に自分のスタイルを確立していくのもひとつの方法である。

前章では私の後任を引き合いに監督術の継承について触れたが、かくいう私の場合は、一軍へ這い上がり、中心選手となるまで約15年間にわたって目の上の存在であった、鶴岡一人監督の存在を抜きには語れない。

当時のプロ野球チームというものは、およそ現代からは想像もできない組織形態であった。いわゆる「首脳陣」とは、監督、ヘッドコーチ、そしてピッチングコーチの三人。二軍にいたっては監督ただ一人。つまり、打つ、投げる、守るのすべてを二軍監督一人でまかなっていた。ちょうど、ほとんど全教科の授業を受けもつ小学校の先生みたいなものである。

野球への考え方も今とはかけ離れていた。気合を入れ、根性をすえてバッターボックスに立てばなんとかなる、というような精神論がすべてに優先し、細かいサインプレーもなく、相手の強みや弱点を探るなどといった情報戦など思いもよらなかった。

鶴岡さんは、そんな時代の監督として私たちを厳しく指導した。

彼は技術的なアドバイスは一切しなかった。戦術論などただの一度も聞いたためしはない。それが私の野球観を育てる「反面教師」となった部分もたしかにある。これからの野球はもっと頭を使うべきじゃないのか、より高度な野球をめざすにはどうすればいいのか。そんな思いが年を重ねるごとにふくらんでいった。私は根本的に野球の本質を見直す時期にあり、野球への渇望感に苛《さいな》まれていた。

鶴岡さんは元軍人である。終戦時には陸軍大尉として200名もの部下を率いていた。

従軍期間は5年ほどだったと聞くが、そのときの体験は彼の指導方法に大きく影響を及ぼしていた。端的にいうなら、私たちは精神面においては軍隊に入ったようなものだった。

当時、私が最も印象に残っていることは、鶴岡さんの訓話である。

大勢の部下を率いてきた経験からか、実に饒舌《じょうぜつ》だった。野球の話はいっさいしない。世の中の仕組み、人として生きるうえで心しなければならないこと、あるいは組織のために尽くすことの大切さ……どれも私にとっては新鮮で、考えさせられる話ばかりであった。

球場にはミーティングルームなどないので、説教は決まって外野の芝生に座らされて聞かされた。私は神妙な面持ちで、監督の一言一句に耳を傾けていた。

鶴岡監督は遠征先で試合に負けたときには、必ずといっていいほど大酒を飲み、ぐでんぐでんになって帰ってくる。旅館の廊下で大声を出して暴れ、マネージャーと知人に抱えられて寝かしつけられるのだが、翌朝になると信じられないことに誰よりもシャキッと背筋を伸ばして、二日酔いの顔も見せずグラウンドへ出てくるのだ。これも軍隊で鍛えたおかげかと感心しきりであったが、本人はいたって平然として、いつものように説教を始めるのである。

鶴岡「軍隊式」管理は二軍の指導にまでいきわたっていた。

尼崎市（兵庫県）の球場で試合が行なわれたときだった。現地集合で、各人が電車に乗ってやって来るのだが、初めての場所だったので道に迷う者もいる。国鉄尼崎駅で下車しなければならないところを、阪急電鉄に乗車してしまった三人の選手が集合時間に間に合わず遅刻してしまった。

今なら雷を落とされるぐらいですむかもしれないが、当時の制裁はハンパではない。彼らはユニフォームも着せてもらえず、ネット裏にあるコンクリート製の記者席の屋根のうえで、試合中ずっと正座をさせられたのである。

現代においては、どんなアマチュアチームでもここまではしないだろう。それが、プロ野球の世界で行なわれていたのだ。

団体行動をするうえでは当然のことだが、規律や規則に対する考え方は現在の比ではない。特に門限、集合時間など、少しでも遅れようものなら、このように恐ろしい体罰が待っていたのである。

鶴岡さんは一方で、「ゼニのとれる選手になれ」「グラウンドにはゼニが落ちている」と、選手たちにプロとしての向上心を刷り込んだ。そして、敵チームの選手はしょっちゅう褒めあげるかわりに、自軍に対してはほとんど罵声《ばせい》を浴びせるばかりだった。しかし、だからこそ、ほんの一瞬でも「ようやった」と声をかけられたことが忘れられなくなるのである。

この頃の管理術はあまりにも前近代的であり、その手法を肯定するつもりもないのだが、野球のルールが不変であるように、私たち人間の心の持ちように時代の隔たりはないはずだ。

どこまでいっても野球は団体競技であり、チームは組織としての勝利をめざす集団である。私がその真理を体得したのは、紛れもなく、鶴岡制圧下の南海時代のことだったのである。

最強組織をつくりあげた川上監督の人間教育

私が指揮官として尊敬し、かくありたいと日頃から目標としてきたのが、川上哲治さんだ。言わずと知れた巨人軍の元監督であり、空前絶後の9連覇を達成した名将である。

60年代から70年代にかけて、強かった頃の巨人はたしかに戦力が充実していた。三、四番を務める長嶋、王の力は突出していたが、さらに二人を「中心」とした人材の配置も、まさに適材適所であり、随所に競争原理もはたらいていた。

このような、まったく隙のない完璧なチームを前に、他の11球団は異口同音に負け惜しみを並べ立てたものである。

「あれだけの選手を揃えれば、誰が監督をやったって勝てるだろう」

悔しまぎれに吐き出すこんな批判を何度耳にしただろうか。

しかし、それはとんでもない誤解である。

戦力が抜きん出ていれば、勝つことは容易かもしれない。しかし、それを続けることは並たいていではない。相手は負けた悔しさから必死になって立ち向かってくるのだ。そんな敵をはねのけるには、前年の何倍もの力が必要になってくる。勝ち続けることの難しさは、プロ野球で一度でも頂点に立った監督ならば誰でも理解できるはずだ。

では、なぜ誰も成しえなかったことを川上さんは達成できたのか。その秘密は、川上さんの「人間教育」にある。

1961年、水原茂さんの後任として巨人の監督となって以来、川上さんは「人づくり」に対して不屈の精神をもって取り組んでこられた方だった。

V9時代の巨人で正捕手の座を守りとおした森祇晶氏とは、同じポジションということもあり、当時からたびたび交流があった。私は川上監督がいったいどのような指導をしているのか知りたくて彼に尋ねたことがあった。

すると、「川上さんは野球の話はあまりしないんですよ」という。もっぱら、人間学や社会学について語りかけるのだそうだ。自身が坐禅を組み、心身の鍛錬や修行を行なうことで見えた境地を選手たちに伝えていたのだろう。

勝つことで得られた喜びは人の心に隙をつくる。「勝って兜《かぶと》の緒を締めよ」なる金言は、勝負の世界では誰もが口にするのだが、それを実行できる人間はめったにいない。巨人というチームが9度も続けて勝ち続けた背景には、一分の隙もつくらず、常に向上心を選手たちに促してきた川上さんの「人間教育」があることを私は知った。

長嶋、王を単なる打線の中心としてではなく、「チームの鑑」として他選手の模範となるよう教育したのも川上さんの慧眼《けいがん》といわざるをえない。褒める、叱るの使い分けにおいて、彼はONを絶妙に扱ったそうだ。

天才肌の気分屋である長嶋は、よく打てないときがあると、「今日はだめだ。明日、明日」と諦《あきら》めたような台詞を発する。また、守備位置についてもバッティングのことばかり考え、スイング動作をしたりすることがある。川上さんは、そんなわずかな言動すら逃さず、ミーティングでは人前で長嶋を叱責《しっせき》するのである。ミーティングに筆記用具を持ってこなかったときは、「筆記用具を持ってきなさい」と言って持ってこさせたりもした。

スターだからといって特別扱いしたのでは、本当のチームワークは育たない。「おまえが打てなければ誰が打つのだ」と、厳しく指導したというのだ。

「人づくり」の達人であった川上さんは、一方で野球界に革命的な戦術をもたらした人物でもある。水原さんが着目した「ドジャース戦法」を実質的に取り込み、緻密《ちみつ》な全員攻撃、システマチックな守備体系を確立。一番から九番までのオーダーにもそれぞれ意味をもたせ、他を寄せつけない先進的な野球を見せつけた。

機能論と人間論の二面から、彼は近代野球をリードする最強組織をつくりあげたのである。私が思い描く「理想のチーム像」はこのときの巨人であり、それは今も変わらない。

教えないコーチこそ名コーチ

今やコーチ業といえば専門ごとに細かく分化され、それぞれに技術的な指導やチェックを行なっている。監督とヘッドコーチしかいなかった私のプロ入り当初と比べて、隔世の感がある。

これだけコーチがたくさんいると、それぞれが競い合うように選手を教えたがるものだ。それは、教えることがコーチの義務だと思い込んでいるか、サボっていると思われたくないからだが、私はいつも、「なるべく教えるな。考えさせろ」と伝えてある。

メジャーリーグには、「教えないコーチこそ名コーチ」という名言もあるようだが、あれこれ手を出しすぎるのは、選手にとって意味のないことなのである。

選手の素質を引き出し、いずれは一流選手へと育てあげる過程のなかで、このコーチ術というのは意外と重要なポイントを握っているので、ぜひみなさんにも知っておいていただきたい。

私は監督業に就いて以来、コーチ連中を集めてはこう言い続けてきた。

「おまえらの気持ちはよくわかる。しかし、教える前にまず選手にやらせてみろ」

人は失敗して初めて自分の間違いに気がつくものだ。その前に指示を出したところで、選手は耳をかさない。いや、耳では聞いていても頭のなかにはまったく入っていかないだろう。

「あのコーチは何もしない」という陰口が聞こえてきても、知らん顔をしていればいい。何人かいるなかで、放っておけば一人ぐらい自分から教えを乞いにくる選手が現われるはずだ。そのときこそが、コーチが働くための絶好のタイミングであり、くだらない風評を覆すチャンスなのである。

「どうすればいいんですか」と技術的なアドバイスを求めてきたら、今度は絶対に放してはならない。朝まで引っ張りまわして教えまくるのだ。

選手自身の知識欲、向上心が最高潮に高まったときを見計らい、コーチは集中的に指導を行なう。聞き入れ態勢が万全に整っているからだ。これは人間の心理を巧みに利用した考え方である。

さらに言えば、事前に選手たちをよく観察することだ。間違ったことをやっていても何も言ってこない選手がいたら、それはよほど鈍感か考えていないかのどちらかである。そういう者には少し問題意識が高まるアドバイスをして、本人のなかに疑問が生じるのを待てばよい。

疑問が頭のなかに充満し、知識欲のかたまりとなった選手を前にしても、技術論は後回しにしろと命じてある。つまり自主性、自立性を促すのだ。

まずは、選手ごとに質問項目を決めておき、次々に投げかけるのだ。

「将来どんなピッチャー（バッター）になりたいのか」

「年俸をいくらまで増やしたいのか」

「何年後に何勝（何割、何十本）と決めているのか」

野球選手としての目標をきちんと聞きだしたうえで、さらに問いただす。

「年俸を1億にしたいなら、どうすればいいと思う？」

そこがスタートラインである。自分は何のために野球をやっているのかという明確な目的意識をもたせて初めて技術指導が始まるのだ。

私がプロ野球を目指した理由は、金である。貧困のどん底を味わいながら、女手ひとつで兄と私を育ててあげ、病魔に倒れ苦しんでいる母に報いるためにも、どうしても金が欲しかった。「女の一念岩をも通す」というが、私の一念はプロ野球の壁を通し、一流という壁もなんとか貫くことができた。

こんなハングリーな選手は今どきいないだろうが、プロに入ってくる以上、達成したいこと、念願というものが必ずひとつやふたつはあるはずだ。それを引き出し、本人を扇動してやるのが監督であり、コーチの仕事なのである。時代は変わっても、変わってはならないのが野球界のハングリー精神である。

ただ漠然と投げ、打って走っている選手、つまり天性だけで野球をやっている者は、まだ自分のなかに残っているエネルギーに気づくこともなく、壁にぶつかるたびに諦めてしまう。「限定→妥協→満足」という三大禁句、負のスパイラルに陥り、やがては消えていく運命にある。そういう落伍者にならないためにも、人間の意識と肉体は密接に関わっているということを、若いうちに叩き込んでおかねばならない。それはプロスポーツ選手にとって、とても重要なことだと思う。

相談相手となってくれるコーチがたくさんいる現在と違って、私が一軍にあがった50年代の後半は、直接指導してくれる専門職はチームに一人もいなかった。ピッチングコーチはいたけれど、バッティングは監督から直接教えてもらうしか方法はなかったのである。だが、鶴岡監督の打撃論はいつまでたっても「よくボールを見て、スコーンと打てばいいんだ」しか聞いたことがない。これでは苦手のカーブ攻略法について、尋ねるほうが時間と労力の無駄づかいであった。

こうなったらダメもとで先輩バッターから聞き出すしかない。オールスター戦のおり、私は山内一弘さんをつかまえて質問してみた。山内さんは当時、大毎オリオンズの看板選手であり、「打撃の職人」の異名をとるほどバッティングのうまさには定評があった。

「すいません先輩、カーブの打ち方を教えてください」

私は単刀直入に切り出した。山内さんは一瞬戸惑いながらも、

「練習すればいいんだよ。そのうち打てるようになるよ」

と、まともに取り合ってはくれなかった。いきなり話しかけた私も図々しいのだが、やはり企業秘密を明かしてくれるはずはなかった。

こうなったら自力で解決するしかない。私は不器用な打者であることに気づき、理想とする変化球への対応を身につけるのは難しいと結論づけた。「来た球を打つ」「タイミングを計って打つ」などできない。私は相手ピッチャーのクセを見抜いたり、データを基にヤマを張れるようにはなった。しかし、それでは完全に技術を身につけたとはいえない。そ

こで、山内さんのバッティングをつぶさに観察することにした。

私はキャッチャーであることの利点を生かして、目の前の打席に立つ彼のステップからスタンス、足の運びをイヤというほどこの目に焼きつけ、その分析結果を自分流のバッティングにプラスしていったのである。真似から始めて、ついにはカーブ打ちのコツをつかんだのである。

苦手なことやできないことがあると、人はもがき苦しんで突破しようとするか、とりあえず放っておくか、または諦めてしまうか……のいずれかである。

野球選手の場合、ここで「自分はなぜプロ野球選手になったのか」という基本的な目的意識があるかないかが大きな分かれ道なる。そして「差」を感じ、克服するために頭をふりしぼれる者だけが一流選手として生き残っていくのである。

私は自分で考え、観察するしかなかった。しかし、今はコーチが手取り足取り教えてくれる。それを前提に練習している選手が非常に多い。適当に体を動かして、おかしな部分があったらコーチが声をかけてくれるだろうと思い込んでいるのだ。

依頼心が強すぎると、人間の思考力は著しく衰える。思考が止まれば進歩も止まる。だからこそ、まずは自分の頭で疑問を感じなければならないのである。一流となる選手は、他人他より多くの疑問を抱き、失敗から学び取る能力に優れているものだ。二流選手は、他人

戦後初めての三冠王に輝き、ファンに応える（1965年）

のせいにして失敗から学ばず、漫然と過ごしてしまう。

厄介な相手

目の前に大きな壁、難敵が現われたときにも、一流選手は試行錯誤しながらなんとか突破口を見出そうとする。冒頭では稲尾への攻略に苦心した例を紹介したが、後年、もう一人の厄介な相手が私を苦しめることになる。福本豊である。

福本といえば盗塁である。70年代から80年代にかけて阪急ブレーブスのリードオフマンとして、日本球界ばかりか世界を驚嘆させた韋駄天《いだてん》だ。通算１０６５盗塁という日本記録を保持し、１９７２年にはシーズン１０６個という当時の世界記録を打ちたてている。つまり、我々相手チームはその足にやられっぱなしだったわけである。

足の速いランナーというのは、試合において想像以上の威力を発揮する。「走るぞ」と見せかけて結局走らなくても、相手ピッチャーは神経をすりへらし、バランスを崩してストライクが入らなくなる。いわゆる「無形の力」が発生するのである。

ピッチャーというのは面白いもので、快速ランナーが出塁すると3球目まではしっかり用心する。ところが、そこまでにまったくスタートを切る気配がないと見るや、とたんに気が抜けてしまうのだ。走られたくないし、打たれたくもない。神経の比重が五分五分だったのが、ふとバッターオンリーになってしまう瞬間が訪れるのである。きっと、「もう走らないな」と、勝手に決めつけてしまうのだろう。

一流の走り屋はそんな隙を見逃してはくれない。4、5球目、いとも簡単に塁を盗んでしまうのだ。福本はそんな駆け引きの名人でもあった。

あまりにも走られるので、「福本の足封じ」は常に喫緊《きっきん》の対策事項であった。私は思考を巡らせ、ときに突飛な奇策を思いついたりもした。

一塁後方にコンクリートのフェンスがある球場の場合、ピッチャーがファーストへわざと牽制悪送球をして、そのクッションボールをセカンドが拾い上げ、セカンドベースへ送って刺せないものか、と考えたこともあった。サインプレーによって、セカンドを早めにファーストの後ろに向かわせるのだ。

ただし、これはピッチャーのコントロールが狂うと福本にサードまで走られる可能性が出てくる。考えあぐねたあげく、この策は断念した。

どうしても福本の足は止めなければならない。しかし、相手は一枚も二枚も上手である。となれば、精神的に脅威を与えるため、物理的な手を打つ方法もあろう。

私はピッチャーに命じて、セカンドベース上の福本の足めがけて牽制球を投げさせたのである。実際は腰に当たってしまったのだけれど、相手ベンチも「故意」であることに気づいたのだろう。西本監督が飛び出して怒ること。

「コラー、汚いまねするな！」

私は舌を出して、何事もなかったかのようにやり過ごしたのである。プロの世界だ。これぐらいの駆け引きはあって当然だろうという思いもあった。

一方では、足をまったく気にしないタイプのピッチャーもいる。

全盛期の江夏豊の場合、「走りたければどうぞ」というふうに、いくら盗塁されても平然としていた。点をやらなければいいんだろうと、いっそう気持ちが昂《たか》ぶり、バッターを三振にきってとるのである。これもまた、真理ではある。しかし、この世界にはそんな自信に満ちた実力のある投手はわずかしかいないのも事実である。

結局、私は「時間短縮」しか方法がないという結論に達した。よって、ピッチャーに対して小さいモーションで投げよと指示し（のちにクイックモーションと名づけられた）、これが功を奏することになる。今では盗塁封じのスタンダードとなった技術も、福本という偉大なランナーがいたからこそ生まれたのである。

後年、福本にぜひ「盗塁の極意」を伝授してほしいと考えた私は、阪神の監督となった際、さっそく走塁コーチとして彼を招聘《しょうへい》した。

まずは一塁ベース付近に選手を集め、リードをとりながら福本先生の講義が始まった。

そこで彼が発した言葉を私は今も忘れない。

「背中が教えてるやろ」

ピッチャーの後ろ姿を見つめながら、福本は一言、こう言い放ったのである。牽制してくるのか投球するのか背中を見ていればわかるというのだ。

私は「これでは選手たちに伝わらんだろう」と思いながらも、一方で「頂点に立つ者はここまで言えてしまうのか」と感心させられたものである。

現在ではどのチームもビデオを使い、あらゆる角度からピッチャーのモーションを研究し尽くしている。敵味方問わずそのクセを研究したりして、自軍の選手には矯正を促し、相手の弱点を徹底的に探り出している。だから、最近では練習中からクセが見えないように練習を重ねており、なかなか見破るのは難しくなってきているのだ。

そんな時代になっても、福本は「背中を見ればわかる」と断言するのだ。

観察力を研ぎ澄ませば、人の感覚とはここまで鋭敏になるものか。福本のような歴史に名を残すプレーヤーは、自分が他者より優れている部分はどこなのか、それに気づいたらうやって才能を磨いていけばよいのか、よくわかっていた。日々怠ることなく、感覚をいながら階段をかけ上がっていったのである。

言葉をもたない指導者に監督の資格なし

現在私が率いる東北楽天ゴールデンイーグルスには、数球団を渡り歩いてきたり、複数の監督に仕えてきた選手、コーチが何人かいる。

彼らによると、「最近ではミーティングを行なう監督がいなくなった」そうである。就任早々、もしくはキャンプが始まって5分か10分、「頑張ろう」と一言訓示をたれて、それで終わりだと。

それを聞いて、私は愕然《がくぜん》とした。そういう監督たちは、いったい何のために今の地位についたのか考えてみたことはあるのだろうか。ただ、栄誉欲だけで引き受け、自己満足でもしているのか。「結果至上主義」でゲームに勝つことしか考えず、選手を操縦している気になっているだけか。

まあ、それで優勝してしまうチームもあるのだからたいしたものだが、勝って喜んだ後に、もう一度よく考え直してもらいたい。監督の役割とは何か、そして義務とは何であるかを深く考えれば、そんな無責任な行動はとれないはずだ。

私は自信をもって断言するが、野球論を語らせたら誰にも負ける気はしない。明けても暮れても野球のことばかり考えてきた。しかし、人生を野球だけでまっとうできる人間など、ほんの一握りである。残りの大半は、一般的には働き盛りの年頃で現役を退き、第二の人生を歩み始めねばならない。それからの時間のほうがはるかに長いのである。

昨今では「格差社会」とやらで、リストラされた大勢のサラリーマンが職を求めてさまよっているようだが、プロ野球は元来が弱肉強食の競争社会であり、力のない者は容赦なく淘汰《とうた》されてきた。そして、そのほとんどが「野球をとったら何もない」、あるいはそう思い込んでいる男たちである。けっして華やかな面だけではない、厳しい商売だ。私は野球人である前に一人の人間として、彼らが引退した後のこともふまえて教育してやらねばならないと考え、指導してきたつもりだ。

「人生」という字にはさまざまな意味が込められている。

「人として生まれる」

「人として生きる」

「人を生かす」

「人に生かされる」

それぞれの言葉を噛みしめ、大切にしていかなければ、本当の意味で人生を送ったことにならないのではないか。

また、「人間形成は仕事を通じてなされる」と、私は書いた。生きていくための基本的な知識や情操は家庭や学校で育《はぐく》まれるものだが、仕事をもつようになって初めて、私たちは人生の意味を知るようになる。言い換えれば大人になっていくのである。野球が仕事ならば、野球を通じて人生を知り、人間的に成長してこそ技術的進歩も実現するのである。

私は、このような思いをどうすれば伝えることができるのかと、試行錯誤を重ねながら言葉にしてきた。それが指導者としての責任だと自覚していたからだ。私の言葉から何かを感じとり、それを野球に生かして才能を開花させる者もいる。しかし、もしそれが叶わなかったとしても、第二の人生において役立ててくれればいいのである。

兼任監督は別として、監督という職業の人間は実際のプレーをもって選手たちに範を示すことはできない。つまり首から上を存分に働かせて臨むしかなく、言葉を使って伝達するしか方法がないのである。

それを、ミーティングひとつ行なわずにどうやって導こうというのだろうか。言葉をもたない指導者など、何者でもない。人間を預かり動かす地位にいることの自覚をもつ者だけが、監督になる資格があるのだ。ただ事務的にコマを動かしたいだけなら、テレビゲームでもやっていろと言いたい。

長年監督をやっていると、選手それぞれの資質や人間性というものが見えてくるものだ。チームにはおよそ70人の支配下選手が所属しているが、3、4年に一人は「リーダーの器」みたいなものを持っている選手に出会う。だが、それが必ずしもレギュラー選手であるとはかぎらない。無名の控え選手であったりもする。

一方、願望は誰でも抱いているものだ。おそらく、現役のうち九割以上の者が「将来は監督になりたい」と、ぼんやりでも思い描いているはずだ。ただ、現実的に「俺は無理だろう」と諦めてしまうのだ。そのなかには、十分に資質を持ち合わせた者も含まれている。

本当に「リーダーの器」をもった人間が適正に見出され、監督となっているかというと、それは疑問である。プロ野球界は人気商売であるから、監督すらも客寄せの材料として扱う球団が多く、華のあるキャラクター、元人気選手を優先して起用したがるのだが、その連続が球界のためになっているかといえば、けっしてそうではない。

「名選手、必ずしも名監督ならず」とは、昔からよく言われる定説である。

現役時代に優れた成績を残した監督というのは、「自分ができたことは誰でもできて当たり前」という発想で指導を始めてしまう。そして、「おまえ、そんなこともできないのか」となり、選手は混乱して迷路に入り込んでしまうのだ。特に天性に恵まれて一流となった者は苦労を知らない。壁にぶつかったことが少ない。目標に向かって困難を克服してきた経験がないから、教えようにも方法論を持ち合わせていないのである。

二流あがりの監督ならば、「俺もできなかったから、おまえもできなくて当然だ」という接し方から始まる。さらに、上を目指すために観察眼が養われているので、選手の動きについて分析力が備わっており、監督の采配に対しても同様で、「自分ならこうする」という理論が構築されるケースが多い。

かつて阪急ブレーブスの黄金時代を築いた上田利治などは、その典型である。現役生活は広島で過ごしたわずか2年間のみ。25歳で史上最年少コーチとなり、その後、西本幸雄さんのもとで修業を積み、37歳の若さで監督となった。選手時代は肩の故障もあり、まったくといっていいほど実績を残せなかったが、はっきりとした目的意識をもって指導者への道を歩んだだけに、野球人として大きな花を咲かせることができたのである。

名もなきプレーヤーのなかにこそ、「リーダーの器」が潜んでいることを知らしめた上田の功績は大きい。

私のもとで指揮官としての才気を磨いた男には、古葉竹識がいた。彼は広島の中心選手として活躍していたところ、当時の根本睦雄監督とソリが合わなくなったという話を聞きつけ、私がトレードで南海へ移籍させたのである。彼は現役2年、コーチとして2年、計

4年間を私とブレーザーのそばで過ごした。

その後、古葉は私たちと出会えたことに対して深い感謝の意を表して、広島へ帰っていった。「せっかく助けてもらったのに、申し訳ない」と何度も頭を下げた。

「いや、広島に戻ったほうがいい。おまえは監督になる器だ。近い将来、必ずそのチャンスがくるよ」

私がそう言って快く送り出した2年後、古葉はシーズン途中で辞任したジョー・ルーツの後を継いで監督に就任した。ああは言ったものの、私はまさかこんなに早く監督になるとは思ってもみなかった。しかも、39歳の青年指揮官はその1975年、広島を球団史上初のリーグ優勝へと導いてしまったのである。ただ、その采配、指導術に少なからず私の影響が及んでいることを知り、内心気をよくしたのはたしかである。

以後、古葉は広島を強豪チームへと育て上げ、11年間で3度の日本一を達成。球史に残る名監督の一人に数えられるようになったのである。

第6章

田中将大は〝真のエース〟になれるか

無形の力を養う

２００８年。私は東北楽天ゴールデンイーグルスの監督となって３年目のシーズンを迎えた。例によってキャンプインと同時に私はミーティングを始めた。

そう言うとコーチや選手との話し合いのように聞こえるが、もちろんそうではなく、私による訓話の時間である。２月といえば、まだ選手たちの頭のなかもフレッシュであり、真っ白な状態だ。この時期が最も「説教タイム」には適している。シーズンが始まれば、いやでも野球の話をしなければならなくなる。その前に、言っておくべきことはまだまだ山ほどあるのだ。

ご承知のとおり、楽天は２００４年に勃発《ぼっぱつ》した球界再編騒動の果てに誕生した新しいチームである。時間もなかったせいか、選手の分配に関するルールが整備されておらず、結局は大阪近鉄を吸収合併したオリックスから「余分な人材」を譲り受けるようなかたちで編成の骨格ができあがった。「本人の意思を最大限尊重する」という前提に則り、磯部公一と岩隈久志の主力二人が加入したことがせめてもの救いだったとはいえ、これで「勝て」というのは無理な注文であった。

案の定、初年度の2005年はわずか38勝で勝率は三割にも届かなかった。新人監督の田尾安志にとってはあまりにも酷な陣容での船出だったわけだが、それに加えて機動力をやみくもに使うなど、采配にも焦りが出たようである。

2年目からチームを預けたいと、就任要請をいただいたとき、私は正直、戸惑いを隠せなかった。初代監督をわずか1年で交代させるやり方には疑問を抱いたし、「弱いチームを強くする」ことに監督業の醍醐味を感じる私ではあったが、新しく生まれたばかりの球団というのは経験のないことで、不安もあったのだ。

だが、この歳になってまで指揮官として声をかけていただけるというのは、めったにない光栄と思い、お引き受けすることにした。野球人にとってユニフォームを着させてもらうということは、何物にも替えがたい喜びでもある。

このチームは、今まで私が見てきたどの組織とも異なる。オリックス+近鉄からあふれた選手、つまりプロ野球経験者は揃っているものの、レギュラーとして活躍してきた者はほとんどおらず、誰の目からも戦力の劣勢は明らかである。

「1年目に種をまき、2年目に水をやり、3年目に花を咲かせる」と、かつてヤクルト時代に私は目標をかかげたが、今回はそれ以前に「土を耕す」「種を集める」ことから始めなければならない。これで最低プラス2年は余計にかかる。「石の上にも三年」どころではない。「風雪五年」という台詞をメディアに発したのは、そのためである。急《せ》いてはことをし損じる。段階を置いて一段ずつ上がっていけば、組織はそれだけ強固になり、簡単には崩れなくなるものだ。

就任2年目となった2007年には、最下位から脱出することに成功した。最終的に67勝75敗2分という戦績で4位へと浮上できたのである。

8月に50勝を突破したとき、「勝ちすぎ」ということを言ったが、それは本音でもあるが、一方では選手たちが徐々にではあるが、「何をなすべきか理解しながらプレーをするようになった」という手ごたえも感じていた。ひとつのプレーに対して根拠をもって臨むという、プロセス野球の本質を説いてきた成果ともいえた。

オリックス・バファローズ、福岡ソフトバンク・ホークスに対しては勝ち越すこともできた。同一カード勝ち越しは球団創設3年目にして初めてのことである。

特に、オリックスを下したことについては、球団ならびに楽天本社が大いに喜んでくれた。分配ドラフトの際に「いいとこ獲り」をされたチームであるから、その結果に溜飲《りゅういん》を下げたのである。

戦っているシーズン中はそんな因縁には気づきもしなかったが、フロントサイドには復《ふく》讐心《しゅうしん》が宿っていたようである。

ペナントレースは144試合を消化する長丁場であり、交流戦はあるものの、同一リーグ内で対戦する5チームとは24試合も顔を合わせることになる。

同じ敵と何度も戦うということは、それだけ選手個々のデータや相性という要素が重要な意味をもつことは当然だが、チーム戦略的には「お客さん」をつくることが大事となってくる。順位は勝ち点ではなく勝率で決められるのであり、勝てる相手からは根こそぎ白星をもぎ取ることが優勝への近道だ。Aクラスのチームとは五分の勝敗で十分。勝率は下位からどれだけ稼げるかにかかっているのだ。

たとえば07年にパ・リーグ1位となった日本ハムファイターズの場合、千葉ロッテ（2位）とはまったくの五分、福岡ソフトバンク（3位）には星4つ負け越しているのに、交流戦を含めた残り4カードで大きく勝ち越している。

1シーズンを戦い抜くということは、こういう当たり前の理屈をどれだけ実現できるかということだ。

2年目までの楽天は、完全に他チームから「お客さん」扱いされていた。彼らにとっては、いかに多く我々から星を稼げるかが上位浮上への分岐点であり、「楽天さん、いらっしゃい」と、戦う前から見下していたのだ。

3年目になって前述2球団に勝ち越し、ややそのイメージを拭《ぬぐ》うことができたことは、精神的に大きな自信にはなった。選手たちのなかに「俺たちでもやれる」という意識が芽生えてきたからだ。シーズン前にかかげた「無形の力を養う」という目標に、わずかではあるが近づけたようにも感じる。

144試合を戦って、負け越しが8。もし二桁勝利を期待していた岩隈と一場の二人があと4勝ずつ上積みしていれば、勝ちと負けの数字が逆転して五割を突破していたことになる。終わってみれば、すべてはこの二投手の出来にかかっていたということだ。勝負の世界に「たら・れば」は禁物といわれるが、次のステップに踏み出すときに、勝ち星の計算をすることは欠かせない。そして、選手たちに自信と責任感を植えつける意味でも、「有形の力」である数字を示すことも必要なのである。

チーム浮沈のカギはキャッチャーにあり

キャッチャーは監督の分身であり、頭脳の共有者でなければならない。ヤクルト時代の古田を引き合いに、「いいキャッチャーを育てることができれば、チームづくりの半分はできたようなもの」と、先に述べた。

野球とは「専守防御こそ戦略の基本」であり、1点でも失点を少なくしたほうが勝つスポーツだ。相手より多く得点を奪うことより、無駄な点を与えないほうが確実に勝利へ近づく。それが私の理念である。よってピッチャーにかかる比重は自ずと高まり、その力を引き出すキャッチャーこそがチーム浮沈のカギを握る存在だと考えるのである。

楽天にきてからも、まずそのことを念頭に置いて観察眼を光らせていた。そして、2006年のドラフト3位で入団してきた嶋基宏という男が私の目を引いた。彼はミーティングのたびに私の「説教」を熱心にメモし、それを自らのものにしようと努力していた。研究心があるという印象だった。これはモノになるかも知れないと感じた。

キャッチャーへの指導は本当に難しく、キャッチャー専任コーチでも難しい。どうしても教える側は結果論でものを言う傾向にあり、そこからは何も生み出されないにもかかわらず、叱り飛ばして終わりにしてしまうのだ。優秀なキャッチャーを育てるには、それではだめだ。何度も言うように、根拠とプロセスに重きを置かなければならない。一球一球が応用問題だから、配球の原則を教え、経験を積ませる必要があるのだ。

たとえば、配球には表と裏の2種類がある。これを臨機応変に使い分けることで相手を翻弄するわけだが、基本は表の配球にあることを忘れてはならない。相手がどういうレベルのバッターなのか、何を考えているのか、または何も考えていないのかを見抜き、裏の配球を混ぜていく。「来た球を打つ」といった天性だけで打っている単細胞のバッターに対しては、わざわざ「裏」を使う必要もない。それを複雑な配球にしてカウントを不利にすれば、かえって相手の思うつぼ。ましてやフォアボールにしてしまうのは、もってのほかである。いったんフォアボールを与えてしまうと、並のピッチャーの場合、なかなか修正がきかなくなる。コントロールが不安定になる。何かの資料に書いてあったのだが、大リーグでも先頭バッターをフォアボールで出塁させた場合、その回に失点する確率は八割近いという数字を示していた。どこの国の野球でも、先頭打者へのフォアボールは失点につながるというのはセオリーなのである。

キャッチャーはそんなピッチャー連中を正しい方向へ導いてやるのが仕事だ。そのためには覚えなくてはならないことがたくさんある。

というわけで、監督である私自身の指導もキャッチャーに注がれる比重が最も重くなる。他に教えられる者がいないのだからしかたがない。

ルーキーイヤーの2007年、我慢に我慢を重ねて125試合で私は嶋を起用し、経験を積ませた。盗塁阻止率では三割六分五厘というリーグ2位の成績を残すなど、守備面ではある程度の成果を残せたのではないか。まだインサイドワークの勉強は途上にあり、すべてを習得させたわけではないが、可能性にかける価値はあると踏んでいる。

ただ、バッティングがひどすぎる。シーズンをほぼレギュラーとして過ごしながら、一割八分三厘という数字はプロとして考えにくい低レベルである。いくら九番バッターとはいえ、バットを持って打席に立っているのだから、せめて二割五分は打ってもらわないと困る。プロの打者なら、10回立てば2回は最低でもヒットを打つものだ。

やむにやまれず、今年のキャンプでは打撃指導も行なった。相変わらず嶋のバッティングには改善の余地が山ほどある。「ムリ、ムダ、ムラ」の三ム主義。構えからスイングにいたるまで、あらゆる部分で動きにこの三要素が絡んでいる。なんとか克服してもらわねば、DH制で戦っていながら打線には8人のバッターしかいないことになってしまう。いずれにしろ、捕手育成には時間と根気と配球チェックが必要となる。

礒部公一への期待

「中心なき組織は機能しない」という持論は、これまで何度も使ってきた。それは組織が強くなっていくための基本であり、中心が「チームの鑑」となることで、所属する他のメンバーたちが触発され、意識改革が進む。

集団心理というやつは、一人の「鑑」の存在によって大きく化学変化を起こし、よくも悪くも作用するものだ。もし、先頭になって引っ張るべき者がマイナスの因子を持ち込めば、そこを起点に組織はあっという間に亀裂を生み、崩壊していく。「アリの一穴」とは恐ろしいもので、悪い意味でも小事は大事を招くのである。逆によく作用すれば、後に続く者たちはそれを見習い、組織はより強固となっていく。その繰り返しが伝統をつくり、「無形の力」を生み出すのだ。

私が楽天の監督に就任した時点で、中心となる候補は二人いた。

一人は大阪近鉄から志願して新生球団へと身を投じた礒部公一。そして、もう一人が中日、オリックスと渡り歩き、人間関係のもつれもあって一時は引退を考えながら、心機一転して飛び込んできた山崎武司である。

礒部は球団再編騒動の折には近鉄の選手会長として労使交渉、合併阻止に向けて奔走。楽天の1年目には初代選手会長としてチームのまとめ役を務めていた。その姿勢、そして過去の実績から見て、彼は誰の目にもイーグルスのチームリーダーと映ったはずだ。私にもそういう認識があった。あえて「いばらの道」を選択したその心意気にも感じるところがあったのだ。

田尾監督のもとスタートを切った1年目は、打順に関係なくよく働き、経験の浅い選手たちをよくリードしているように見えた。だが、彼がそれまで所属していた近鉄というチームは、「いてまえ打線」といわれ、勢いだけで野球をやっている印象が強く、どう見ても頭を使っているようには思えなかった。伝統、習慣というのは恐ろしいものである。考えないバッティングというのは壁にぶつかったときに修正がきかない。年齢的な面もあるのだろうが、彼にもそういう傾向が見受けられ、私が指揮をとるようになってからというもの、徐々に思いどおりのプレーができなくなってきた。２００６年オフ、礒部はＦＡ資格を取得した。報道によると、そのとき彼は「優勝を狙えるチームにいきたい」という趣旨の発言をしたという。私はそれを伝え聞いて「何を勘違いしているのか」と思った。

評価というものは、けっして自分で下してはいけないと、私は昔から主張し続けてきた。「これだけの実績があって、自分でもよくやってきたつもり」と自己分析したところで、何の役にも立たない。評価とは「生き物」であり、自分が気がつかないうちにどんどん変化していくものだ。だからこそ、そのつど他人から下されて初めて意味をもつのである。

おそらく礒部は、複数のチームから誘いがくるものと思い込んでいたのだろう。まったく声がかからないとわかったときのショックは想像に難くない。結局ＦＡ権を行使せず、彼は残留の道を選んだ。２００７年は開幕から好調だったのだが、不運な故障もあって二軍で悶々《もんもん》と日々を暮らす時間が長かった。しかし、徐々にではあるが、「もう一度、奮起して自分の評価を高めてやろう」という意気込みは伝わるようになってきた。

07年のオフには、またもやＦＡ権を行使するチャンスが訪れたのだが、礒部の決心は固かったようだ。そんな素振りすら見せずに楽天のために働こうと残留を決めたのである。

明けて新シーズン。礒部の目の色は変わっていた。キャンプは二軍からのスタートとなったのだが、俄然《がぜん》やる気を発揮して先頭に立って走りこみを行なうようになったのだ。二軍監督の松井優典から、「やっと自分がわかってきた」という報告を受けて、私は「我が意を得たり」の心境であった。

自己評価はどうしても甘くなる。「こんなに頑張っている自分を褒めてやりたい」という心理は、人間の弱さの象徴でもある。しかし、それは例の満足、妥協、限定という「三大禁句」を誘引する元凶であり、百害あって一利もない。それが礒部にも理解できてきたということだ。ベテランであり、中心選手として期待されてきた男は、ここへきて豹変《ひょうへん》した。それがチームにとっても望ましいことであるのは言うまでもない。若手の手本となるべき資質が礒部のなかからようやく目覚めてきたのである。

〝真の四番打者〟山崎武司

山崎武司は、楽天に入団するまでに栄光と挫折の両方を味わってきた選手である。中日ドラゴンズ時代の1996年にはセ・リーグ本塁打王に輝き、1999年のリーグ優勝にも大きく貢献した。ただ、これは本人も後に認めることになるのだが、天性だけでバッティングを行なっており、安定感という点では心もとなかった。スランプに陥ると修正がきにくい、典型的なムラの多いバッターという印象である。

中日時代の末期からオリックスでの2年間は、起用法をはじめとして監督との軋轢《あつれき》が生じやすく、精神面から崩れてバッティングも思うにまかせられなくなっていく。彼は感受性が豊かなタイプなので、それが災いしたともいえるが、技術面においては相変わらず、「本能だけで打っていた」ことに変わりはない。

2004年オフにはオリックスから戦力外通告を受ける。36歳という年齢もあって引退も視野に入れていたようだが、戦力不足に悩む楽天と契約して再出発にかけることにしたのであった。

1年目の2005年には25本塁打をマークするなど、数字上ではチームの中心として機能したようにも見えるが、この頃の山崎にとってはチームの勝利より「自分が復活すること」が心理の大半を占めていたのではないか。バッティングはまだ「天性頼み」であり、頭脳を使っているようにはとうてい思えなかった。

私は監督就任直後から、このようなバッティングを一切否定してかかった。なにごとにも根拠をもって臨め、考えて打てと厳しく説いてきた。また、「個人成績をアップさせることでチームに貢献する」という発想は、プロ野球選手として抱いてはならない、根本的な間違いであることも私は根気強く諭していった。

考え方が取り組み方になるように、思考と行動は切っても切れない関係にあり、連動しているのだ。「個人成績をアップさせることがチームに貢献しているのだ」という考えは間違いではないが少しずれている。「チームの勝利に自分はどう絡めばいいのか」が正しいのである。

本人にとっては、最初は戸惑いのほうが大きかったかもしれない。

しかし、この男には人の話を聞く耳が備わっている。だから、いずれ必ず理解できるはずだという確信があったのである。

ここで、そんな山崎の人間性を表すエピソードを紹介しておきたい。

昨オフ、知人の紹介でともに韓国へ行く機会があった。空港へ着くなり、彼は自分自身の大きな荷物を抱えているにもかかわらず、率先して私のバッグを手に取り、汗をかきながら歩いていく。食事の席では誰よりも早く注文の品をチェックし、皿が空けば私の前からスッと引いて盛りつける。お茶がなくなれば、どこからともなく調達してサッと注ぐ。

私はことさら自分の世話を焼いてくれたことについて書いているわけではない。よく見ると、彼は誰かれなしに同じことをしているのだ。しかも、タイミングといい、所作といい、押しつけがましくなく非常にスマートなのである。

一事が万事この調子で、ともかく「こんなに気の利く人間だったのか」と、驚かされた。見た目はいかつく不良っぽい風貌《ふうぼう》だが、その内面の繊細さは野球界でも随一ではないかと思うほどだ。なんとなく指導しながらも感じていたことではあるが、このとき、山崎という男の本質に触れたような気がしたのである。

２００７年、山崎は43本塁打、１０８打点をマークして打撃部門でリーグ二冠王に輝く。シーズン当初、中軸として起用していたフェルナンデスが調子を落としたこともあって、５月上旬からは山崎に四番をまかせ、互いの調子の波を見計らいながらも、おおむねその座を預けることとなる。チームも最下位から脱出し、オリックス、福岡ソフトバンクには勝ち越すこともできた。山崎にとってはこんなに晴れ晴れとしたシーズンは久しぶりだったろうが、シーズンをとおして観察していると、だんだん彼の考え方が変わってくるのが手にとるようにわかった。

「個人成績ではなく、チームの勝利のために自分は何ができるか」という、中心選手としての自覚が芽生えてきたのだ。

自分の欲を優先させているうちは、バッターボックスでボールをとらえる瞬間まで邪念がつきまとい、結果的に凡打に終わるケースが多く、人間形成にもならない。１９９２年の日本シリーズで杉浦亨が陥った落とし穴が好例である。いざピッチャーが投球モーションを始動したら、いかに「欲」から離れられるか、つまり無心になってボールに集中できるかによって勝負は左右される。前提として「個人」があるうちは、必ずこの「欲」にとらわれ、重大な失敗を犯すことになるのだ。

山崎は、ようやくその呪縛《じゅばく》から解き放たれたかのようである。そして、終わってみれば、結果が後からついてくるということを身をもって証明してみせたのだ。

真の四番打者は、「チームの鑑」とならねばならない。存在自体がメンバーの手本となり、無形の力を引き出す大きな源泉となっていかなければならない。

07年までの山崎も、そのような自覚を潜在的には心に秘めていたのだろう。件《くだん》のエピソードにもあるように、実に敏感な性質であるから、器としてはその要件にふさわしいものを持っている。しかし、それがまだ表立ってチーム内に影響を及ぼすという段階まではいたっていなかった。

２００８年のキャンプが始まると、山崎はさらに一皮むけた印象を私に与えるようになった。前年の成績におごることなく、いっそうやる気を見せて練習に取り組んでいる。なにより、チームを牽引していこうという姿勢が表に出てきたのである。

スポーツ番組のインタビューでは、「僕がやらなければダメでしょう」と頼もしい発言

「チームの鑑」になりつつある山崎

をしたとも聞く。人間、やる気があれば変われるのだ。変わることで進歩し、人生をつくっていくことができるのである。

ベテランが元気になれば、そして、チームの勝利を最優先とする団体競技の基本精神をまっとうするようになれば、自ずと組織は活気づき、右へならえで好循環が始まる。

40歳を目前にして、チーム一のベテラン、山崎武司は本物の「鑑」になろうとしている。体力的には衰えも生じこの1年が勝負のシーズンとなるだろう。だが、精神的な支柱としては今が旬といった感がある。

08年シーズンの楽天は、この〝新〟山崎が「チームの鑑」としてどれだけ貢献してくれるかにかかっていると言ってもよい。このまま人間的成長を続けていけば、当然、彼は監督候補として名があがるはずだ。意外に思われる方がいらっしゃるかもしれないが、私は自分の後継として、はっきりと「監督・山崎」の姿を未来の彼方にとらえているのである。残された野球人生、もっともっと苦悩し、頭を使って独自の野球哲学を確立していくことだ。

長谷部康平の可能性

チームづくりの基本に「投手力の整備」があることは折にふれて説いてきた。専守防御こそ自らの理念であるとも表明した。

かくいう私が率いる東北楽天ゴールデンイーグルスはどうか。2007年は防御率(4・31)、失点(676)ともにリーグ最下位、12球団のなかでもどん尻という結果であった。新参だった2年前の成績は参考にならないにしても、球団発足以来、3年連続で投手部門の成績はビリである。これではお話にならない。偉そうな理念を掲げておきながらこの体たらくには、監督としてまったく恥じ入るばかりである。

それでも4位に浮上できたのは、山崎をはじめ打線が活発に点を取ってくれたこと、そして1点差ゲームをなんとかものにし続けたことがあげられるが、これは多分に幸運な要素が含まれており、安定感という点では上位3チームの比ではなかった。

毎年ペナントレースを振り返ってみると、防御率の優劣がそのままチーム順位に反映されることが多い。打線の爆発によって乱打戦を制する試合もままあるが、そんな展開はシーズンをとおして10回もないだろう。ようするに、ピッチャーの出来がチーム浮沈のカギを握っていることは明々白々なのである。

楽天は「種をまき、水を与える」以前に、まず種を探して集めることから始めなければならないチームである。よって、新人選手の選択には細心の注意を払い、球団はあらゆる努力をして好素材を獲得しなければならない。

ドラフト会議がルール変更の繰り返しによって複雑化し、その制度が現在どのような規約のもとで行なわれているのか、一般の方々にはわかりにくいと思う。ただ、ひとつ不変なのは、高校生に関して指名が重複した場合は毎年「抽選」が行なわれているということだ。さらに大学生、社会人に関しても、西武ライオンズによる不正スカウト問題に端を発する協議によって、2007年度から「希望枠」なる制度が廃止されたため、やはり一巡目から抽選が行なわれるようになった。

そして我が楽天イーグルスは、最近2回のドラフト会議において、驚異的なくじ運を発揮した。その幸運男は、島田亨球団社長(現オーナー兼任)である。

まず2006年の「高校生ドラフト」で、4球団から指名を受けた田中将大（駒大苫小牧高）を引き当てた。私とマーくんとの出会いは、島田社長のおかげである。そして、さらに、翌07年にはまたもやその左手が唸《うな》りを上げる。1巡目で5球団による重複指名となった長谷部康平（愛知工大）の「当たり札」をつかみとったのだ。私は思わず、ヤクルト時代の相馬社長を思い出し、「黄金の左は健在なり」ともらしたものだ。

運だけで勝てれば苦労はしない。しかし、運を利用するのは勝負ごとの常道である。将来のチームを背負ってたつべき逸材を2年連続で獲得できたことは、まさに楽天にとっては天恵ともいうべき出来事である。

長谷部は身長が173センチと、プロ野球のピッチャーとして極めて小柄だが、コントロールがよく、チェンジアップとスライダーのキレには素晴らしいものをもっている。しかも、左腕ということでその希少性はアマチュア球界では群を抜いていた。私は彼について「小さな大投手」という表現を使ったが、それはもちろん願望をこめての話であり、ちゃんとその称号にふさわしい実績を残せば誰もがそう呼んでくれるに違いない。

たしかにスライダーには見るべきものはある。しかし、それだけで易々と活躍させてくれるほどプロのバッターは甘くない。

キャンプイン当初、私が「球種はなにをもっているんだ？」と尋ねると、「真っ直ぐにスライダー、それからチェンジアップです」と言う。

たったそれだけか。これではいつか通用しなくなるだろう。ストレートがあの程度のスピードでは、簡単に狙い打ちされてしまう。

「おまえが160キロのボールを放れるんだったらいいだろう。しかし、今のままでは痛い目にあうぞ」

私の話を聞きながら神妙な面持ちになってきたので、核心を突いてみた。

「そもそも、なぜピッチャーは変化球を投げるのか、考えてみたことはあるか?」

「いえ……」

たいていの若手は答えられない。いや、中堅クラスになってもきちんと説明できる者は数少ない。

ピッチャーが投げ込む一球一球には、それぞれの状況に応じて根拠があり、意味があるものだ。いや、そうさせなくてはならない。

もし、そのピッチャーが真っ直ぐの勢いだけで抑えられるものなら、それにこしたことはない。真っ直ぐだけ投げていればいいのだ。

ところが、練習方法の多様化や近代化にともなって、バッターはある程度の速球なら、いとも簡単にタイミングを合わせてくるようになった。それにもしスピードが少しでも落ちてくれば、もはや餌食《えじき》になることは必定である。

だからこそ、変化球が必要になってくるのだ。変化球はスピード不足とコントロール不足を補い、あるときは配球を複雑化して狙い球を絞りにくくする。それが、ピッチャーが変化球を投げねばならない根拠なのである。

ただし、持ち球がスライダーしかない場合は、たとえ左対左で有利と思われていても、危険極まりないのが現代の野球だ。外角しか攻めてこないとわかれば、思い切りふみこみ、バットの芯《しん》でとらえてしまうからである。

そこで有効なのがシュートだ。外角低めへボールを集めるのが「安全第一」の基本ではあるが、そのコースを生かすためにも内角攻めは非常に効果的である。相手バッターに対して「シュートも投げられるぞ」と思わせるだけでも十分。インハイを意識させてしまえば、外角へおいそれと踏みこむことはできない。

要するに、「外角で打ちとるための内角」であり、「外角を広く見せるための内角」なのである。

というわけで、長谷部にはシュートをぜひ覚えるよう指示した。それさえ習得すれば、ピッチングの幅が飛躍的に広がる。今は左の強打者がずらりとラインナップされるのが当たり前の時代。左ピッチャーにとって、シュートがあるか否かは選手生命の長短にかかわる重大な「違い」なのである。

幸運なことに、かつてシュートを武器に活躍した西本聖（元巨人・中日）がキャンプを訪れたので、「シュートの投げ方を教えてやってくれ」と頼んだところ、西本いわく、「長谷部は飲み込みが早い。あれは必ずものにしますよ」と言ってくれた。握り方から手首の使い方までそのコツを伝授してもらえば、あとは練習を重ねて身につけていけばよい。

変化球はそれぞれに存在する意味があり、それを生かすか殺すかは配球次第。ピッチングは一球ごとにちゃんと目的意識をもって行なわなければならないのだ。

シュートボールを自分のものにしたとき、長谷部の可能性は無限に広がるものと私は確信している。

マーくんが〝真のエース〟になるためには

「マーくん」こと田中将大については、その注目度からして全国の野球ファンの知るところであり、私が多くを説明する必要もないだろう。

高校時代、甲子園をあれほど沸かせ、卒業後すぐに「即戦力」としてプロ入りしたピッチャーといえば、古くは尾崎行雄（浪商→東映）、さらには桑田真澄（ＰＬ学園→巨人）、そして松坂大輔（横浜→西武）が思い出される。

これらの先輩たちと同様、彼も〝怪物〟と呼ばれるにふさわしい活躍をルーキーイヤーから見せつけてくれた。

特にその勝負運はチームに得体のしれないパワーをもたらした。

なぜかマーくんが投げる試合は打線が爆発する。序盤でリードされても逆転してしまう。負け試合なのに終わってみれば、私は「勝利監督」としてインタビューを受けることが多々あった。まさに、「マーくん神の子、不思議な子」と思わず口にした。不思議と自然に口から飛び出したのである。

これもまた「無形の力」ではないかと言われそうだが、それはどうか。大物ルーキーの登板によって他の選手たちのなかに「なんとか勝たせてやりたい」という意識が働き、それが「欲」を解き放った集中力となって結果に結びついたのではないか。いわば、期間限定の「不思議な力」といったほうがふさわしい。

結果、11勝（7敗）という堂々たる成績が残り、見事に新人王を獲得した。体力、肩の強さなどは並の高卒ルーキーとはかけ離れていた。ただ、マーくんには過去に球界を席巻した新人ピッチャーたちとは決定的に異なる部分があった。

それは、彼が変化球によってそのタイトルをつかんだという点である。

私の印象では、過去の〝怪物投手〟たちはみな、ストレートの威力が〝ウリ〟だったように思う。前述の三人をはじめ、江川卓、野茂英雄、川上憲伸……デビュー年齢に差はあれど、どれもが真っ直ぐの力でプロ入り後にすぐ実績を残すことができた。

ところが、マーくんの場合は変化球のキレが決め手だった。彼はスライダーを主たる武器にしてバッターを料理していったのである。

これは異例なことで、私にはあまり記憶がない。だから、2年目以降にさらなる成長を期待する身としては、真っ直ぐに磨きをかけ、コントロールとキレをモノにして打ちとってもらいたいのだ。

彼の投げ方を見ていると、どうしても上体が強すぎて、下半身がそれに追従するかたちになっている。ピッチングの基礎となるのは腰の安定だ。腰は身体の中心であり、左右上下のバランスをとるための支点となる部分である。下半身を鍛えあげることで、真っ直ぐのキレがどんどんよくなる。そして、コントロールも向上するのである。

2年目のマーくんにとって、テーマは「ストレートの球威をアップさせること」。その実現が必須課題である。

一方、メンタル面でいえば、前年に11勝したことなどいっさい忘れて、ゼロからのスタートだと意識するべきだ。

「新人であれだけ勝てたのだから、次はふたつでも三つでも勝ち星を上乗せしたい」などとは、ゆめゆめ思うなかれ。その発想は必ず欲や焦りを生み、心技体のバランスを崩す要因となる。心技におけるこのふたつのテーマを肝に銘じて日々真剣に野球をしていれば、必ず「計算できるピッチャー」としてチームに貢献できるはずだ。

問題意識がなく、ただ漠然と投げているピッチャーに進歩はない。こういうタイプは放っておいても何の疑問も抱かず、短所をそのままに放置したあげくに「三大禁句」へと歩んでいくことになる。

教えるということは、ある程度答えを出して導いてやらねばならない。しかし、感じる力、考える方法を知らない者にいくら言葉を尽くしても時間の浪費というものだ。指導している側の自己満足という、何の役にも立たない空虚な現実だけが残るのである。前述したが、まずは選手自身のなかに疑問を生じさせ、向上するための知識欲が充満するのを待つのが本来のコーチ術であり、指導の道だと私は思う。人を教え導くための基本には、愛情がなければいけない。愛情なくして信頼関係は生まれないし、信頼がなければ組織そのものが成り立たない。人間が生まれながらにもっている理性や知性を尊重し、努力するセンスを独力で磨かせること。それが私の考える「教育方針」である。技術についてハナから手取り足取り面倒をみることは、けっして愛情ではない。

「情」をもって「知」を引き出し、「意」へと導く。その流れができてこそ、師弟間、あるいは先輩と後輩、教える側と教えられる側の理想的な関係が築き上げられるのである。

マーくんに対する接し方も、もちろん同様である。彼の場合、メンタル面においても並の10代ではない。日々の練習や公式戦の登板のたびに疑問を提示し、自分で解決方法を探り出している。努力するセンスが備わっているということだ。

もちろん、なんといってもまだ子供である。私も含めて、コーチや球団スタッフのサポートは欠かせない。しかし、その教えを素直に吸収していく能力もどうやら持ち合わせているようだ。

ひと昔前から、「個性」という言葉がもてはやされ、それがひとり歩きして若者たちのメンタリティに忍び込み、ややもすると誤解を生んで間違った方向へと彼らを誘導しているように思えてならない。

個性とは実に響きのいいフレーズである。その心地よさにあぐらをかき、髪を染め、長髪にし、耳にはピアスをして「自分らしさ」を表現しているつもりになっている者も大勢いるようだ。しかし、私に言わせれば、それは「わがままな自己満足」にすぎず、単なる目立ちたがり屋が虚飾によって内面の拙《つたな》さや幼さを隠蔽《いんぺい》しているだけである。

野球選手がそのような行為に及ぶことを私は許さない。右に説明したように、それは精神のバランスが明らかに崩れている証拠であり、そんな状態でろくなプレーができるはずがないからである。

野球に真剣に向き合っている者ならば、けっしてそのような愚かなまねはしないはずだ。目立ちたいという願望を100％否定するつもりはないが、ならばプレーで目立てばよいのである。ただし、団体競技の一員として、「個」を優先させてはならないのは、繰り返し指摘しているとおりである。

入団1年目の開幕直前、マーくんがモヒカン頭で現われたことがあった。私は即座に元通りにすることを命じた。彼は素直にそれに応じ、以来、野球に対して真摯《しんし》に取り組んでいる。私がなぜそのように指示したのか。髪の乱れは精神の乱れである。選手育成には、ルール感覚と秩序感覚を養わせることが重要である。野球選手である前に、人間であり、社会人なのであるという自覚と認識を持たさねばならない。彼はそうした理由を理解してくれたものと信じている。

マーくんには将来、日本を代表するエースになってもらいたい。そして、私はその可能性は十分あると思っている。だからこそ、正しく着実に人間形成をしていってもらいたいのである。

２年目以降、ストレートの威力が課題になるマーくん

〝真のエース〟はこの二人

マーくんが日本のエース候補ならば、現在のプロ野球に〝真のエース〟と呼ぶにふさわしいピッチャーは何人いるだろうか。

その条件を端的にいうと、「危機に瀕《ひん》したチームを救ってくれる存在」であり、「チームの鑑」であることだ。連敗を重ねて雰囲気が落ち込んでいるとき、あるいは打線が振るわずなかなか得点できないとき、「1対0の勝利」を引き寄せられるピッチャー。また、味方がエラーして足を引っ張ろうが不平不満を表さず、マウンド上からナインを奮い立たせるような選手。逆境をものともせず、勝利を稼ぐよりも負けない男――それがエースなのである。

また、人間的な要件も必要となってくる。エースであることを偉ぶらず、チームの勝利のために全力を傾け、けっして欲にとらわれず模範となる自覚を有していなければならない。「組織が勝って初めて自分が生きる」という、野球選手としての基本姿勢を備えていることが必須なのである。

私が見たところ、その条件を満たしているピッチャーといえば、パ・リーグではダルビッシュ有（日本ハム）、セ・リーグでは川上憲伸（中日）があげられる。

ダルビッシュはまだ経験が浅いものの、すでに全身からエースのオーラを発している。「俺がやらなくて誰がやるのか」という気迫がある。そして、どうしても勝たねばならない試合に勝ってしまう実現力がある。

川上については、自分の利を置いてチームのために火中へ進み出る勇気と、その状況をものともしない強い精神力を感じさせる。その姿勢は、他のメンバーに好影響を及ぼしているはずだ。

一方、言いたいことを歯に衣着《きぬ》せぬ口調で言い、選手を代表して発言しているふうの上原浩司（巨人）に関しては、いまだにエースという称号は与えられない。抑えに回るにしても、先発に戻るにしても、とかく一言多すぎる。いつでもどこでも、チームのためなら喜んでマウンドへ向かう姿勢を示すことで、後輩たちを正しく「組織の一員」として導くことができるのだ。球団はあくまでも「チームのために」自分を獲得したのだということを、もう一度思い出してもらいたい。

冒頭では藤川球児（阪神）について、その自己中心的なピッチングを取り上げ、「チームの勝利を最優先すべきである」と述べたが、実績面から見れば彼は堂々の抑えのエースといえる。「行け」と言われれば、どんな場面でも、いかに疲れていようとも不平不満のひとつももらさず、日々マウンドへ上っていく。そしてチームの勝利のために全力を尽くしている。と、そのように見える。その姿はチームメイトにとって、もしかしたら「鑑」と映っているのかもしれない。だからこそ私は、あのウッズに対するひとりよがりなピッチングを看過できなかったのである。それは一種の裏切り行為のようなものだ。チームスポーツへの冒瀆《ぼうとく》ともいえるだろう。

藤川はこれからも阪神の守護神として、誰よりも人の目を引いていく選手である。自らの立場を厳粛にわきまえ、言動には十分気をつけてもらいたい。

技術や実績では一流とされていても、教育されていない未成熟な選手はほかにも散見される。自己流の生き方をしていると嘯《うそぶ》き、目立つことしか考えていない者も多く見受けられる。それもこれも、指導者による教育の不徹底が原因であると考えられる。

他チームではミーティングの時間が皆無であると聞いたが、そのような状況が続けば、勘違いした人間がこの後も続々と野球界に生み出される危険性がある。

人としての徳義をわきまえず、野球をやめた後に社会へ出て行って苦労するのは選手本人だ。彼らに対して人間教育をほどこすことは指導者の責任なのだが、その質そのものが低下していると思うと、実に寂しい。

球界では監督の人材不足が叫ばれるようになって久しい。このままでは、ますます外国人にその地位を譲るケースが増えていくのではないだろうか。選手教育は球界の存続、青少年への夢、チームづくりの基礎となるのだ。

水は方円の器に従う

わが東北楽天イーグルスは、3年目にしてようやくチームの土壌が整い、まかれた種が芽を出しそうな気配が漂っている。山崎、礒部という二人のベテランが中心となり、私が待望する「鑑」となってくれそうだし、ここに紹介した有望なピッチャーのほかにも、期待できる素材が育ってきている。たとえば、長谷部とおそらくライバル関係になるであろう3年目の左腕・片山博視には、私は独特の雰囲気を感じている。

バッターボックスやマウンドに立ったとき、何かやってくれそうなムードを感じさせる選手とそうでない選手がいる。片山は実力的にはまだまだだが、いまふうに言うところの「オーラ」を感じるのだ。その様子というものは、なかなか言葉では説明しにくいのだが、長年野球を観察してきた私には、過去に出会った優れた才能と共通する「空気」をそこに見て取れるのである。こういう素材に出会うと、なんとか一軍で使ってみたい、できれば活躍してもらいたい、チームに貢献する選手に育ってもらいたいと思ってしまう。そのためには何が足りないのかを探し出し、気づかせてやりたくなる。それが情というものだ。

攻撃面では、もう一人足の速い選手がいれば打線に幅ができ、戦略がもっと立てやすくなるだろう。快速ランナーの存在は、福本豊の例を見てもわかるとおり、大きな重圧を相手バッテリーに押しつけてくる。強いチームには、必ずといっていいほどこういう選手がいるものだ。

現在のパ・リーグでいうなら、森本稀哲（日本ハム）や西岡剛（千葉ロッテ）、川崎宗則（福岡ソフトバンク）であり、セ・リーグでは荒木雅博（中日）、赤星憲広（阪神）らがそれにあたる。彼らが常にラインナップのなかに名を連ねているということは、それだけで敵に脅威を与え、悩みの種を植えつける。悲しいかな、楽天にはまだ彼らのような「無形の力」をもつプレーヤーがレギュラーになっていないが、快走ランナーの新人・聖澤諒には大いに期待している。

着実に一歩ずつ、チームづくりを進めてきたつもりだが、快足ランナー、ローテーション投手一人ずつはすぐにでも補強したいポイントである。

監督という商売は、何年、何十年やっても、日々これ新発見の連続であり、人生修行の果てしなさを思い知らされる。私はある意味、このチームを率いることで自分の指導者人生の集大成とするつもりで臨んできたが、まだまだ学ぶべきことがたくさんある。

この世界で生き残っていく者を見ていると、日々を新たな気持ちで迎え、その連続が進歩を生んでいる。いい成績を残しても、ダメな自分に直面しても、いずれにせよ、今ある状況に慣れてしまうことが最も恐ろしい結果への入り口となる。「慣れ」のなかに埋没してしまうと、どうにも抜けられなくなっていくからだ。

それは現役の選手たちによく言って聞かせることなのだが、采配をふるう監督とてまったく同じことだ。70歳を超えてなおユニフォームに袖《そで》をとおし、「人づくり」「チームづくり」そして「試合づくり」に取り組めたのは、発見と感動を日々繰り返してきたからだ。今さらながらに「感じる力」の偉大さを感じないわけにはいかない。その力こそ私を50年以上もの間、球界にとどめさせてくれた原動力なのである。

さて、私が去った後の楽天は、よほど後任監督の人選を間違わなければ、おそらく上昇気流に乗っていくのではないか。

ヤクルト、阪神の例を見ればわかるとおり、「ポスト野村」は必ず優勝を経験している。それは先にも書いたように、私の言葉がじわじわと効いてくるからだ。言葉の重みというものは、時間とともにその質量が増してくるのである。

いったん自分のものとして吸収した考え方は、そう簡単に消え去るものではない。「水は方円の器に従う」というが、私はいなくなっても「野村の教え」という器がそこにあるかぎり、新しい水はその環境になじんでいくだろう。器の継承者がいるかぎり、それは教育の連鎖となって選手たちを感化し続けるのである。

全日本チームへの思い

私は現役のプロ野球監督として、現在誰よりも長い指導歴を誇っている。野球という仕事をとおして己を磨き、人を育んできた。「世のため人のために仕事に励め」と後進たちを懸命に指導してきたつもりだが、その心底には、常に私たちが生まれたこの国、日本を愛する気持ちが宿っていた。「世のため」とは「お国のため」という意味も含まれている——などと言うとアナクロニズムの権化のような目で見られるかもしれないが、愛国心が私の行動原理を支える大きな柱であることはたしかだ。

チームのために尽くす精神は、国を愛する精神とつながっている。イデオロギーとは関係のない、純粋なる郷土への愛である。

したがって、昨今では当たり前のようになったメジャーリーグへの人材流出にもときおり苦言を呈してきた。ましてや、少し日本で実績を残したぐらいでろくな人間教育も受けず、世のために貢献もしないまま平気でお金の魅力に取り憑かれ、海を渡る選手をみると、なんと身勝手なことかと嘆かわしくなる。

彼らには、「もっと日本を愛しなさい。そして日本球界の発展、人材の育成にもっと力を尽くしなさい」と言いたい。ワールドシリーズに出たいと考える前に、日本のチームが向こうのチャンピオンと真剣勝負することを模索するべきである。

プロ野球選手が本格的にオリンピックへ出場するようになって久しい。2004年のアテネ五輪では、長嶋茂雄が日本代表を率いることで大きな話題となったが、結局長嶋は病に倒れてしまい、代役の中畑清が率いて「3位という惨敗」に終わる。

また、一昨年に第1回大会が開催されたワールド・ベースボール・クラシックでは、メジャーリーガーを擁するアメリカやドミニカ共和国を退けて、王貞治が監督を務めるチームジャパンが優勝した。

このところ野球の国際試合を目にする機会が増え、日本の野球ファンはかつてない興奮を覚えているのではないか。

そこで、腑に落ちないことがひとつある。

全日本チームの監督候補に、なぜ私の名前が一度もあがらないのか。世渡り下手で処世術は苦手なこともあるが、人気や話題性を優先させるということなのだろうか。人気よりもまず実績を考慮して人選をすべきなのではないか。監督は目立ってはいけないのだ。影のヒーローであり、ある意味裏方なのである。

長嶋や王も実績を積んできた。王は国民栄誉賞まで受賞しているだけに、それはそれで納得するのだが、北京オリンピックの全日本監督は星野仙一である。

星野はプロ野球で3度リーグ優勝したが、日本一には一度も到達していない。それでも日本チームを率いて様々な苦労はあるだろうが、喜々としてやっている。

これは半分が嫉妬だが、もう半分は客観的にみて正論だと思う。どうして星野であって私ではないのか。いや、実際に就任するしないは別にして、候補に名前ぐらいあがってもよさそうなものではないか。

実績よりも人気を優先させることは、メディア全盛時代ならではの話だろう。国民の期待を一身に背負う立場の人間が、派手なガッツポーズもしない無愛想な男では、士気が高まらないというのかもしれない。

北京オリンピックのアジア予選はテレビでチェックした。試合の途中で一喜一憂し、選手と同じレベルではしゃぎ回る監督を見ると、たしかに私とはまったく違う。私なら逆転したたけであんなに喜びを表すはずがない。リードすれば次の守りのことをまず考え、どうやったら逃げ切れるか、その策を練ることに集中する。選手と同じレベルで大騒ぎしている場合ではないのが監督の立場のはずだ。

しかし、それよりああやって試合の途中から感情をあらわにし、パフォーマンスを見せびらかすほうがテレビ的にはおいしいに違いない。

と、これ以上続けるとボヤキすぎになるのでやめておくが、私にも全日本チームを預かり、勝たせるだけの自信があるということだけは知っておいていただきたい。

人間の真の価値は損得を超えたところにある

日本人が同じユニフォームを着て国の代表として戦うということは、個人成績にとらわれることもなければ、欲に目がくらむこともないだろう。一人一人が「チームの勝利」だけを目指してプレーすることになる。

2003年から2005年にかけての3年間、私はシダックスでアマチュア（社会人）野球の監督を務めていた。技術論は別にして、彼らがプロ野球選手と決定的に違うのはゲームに臨む目的である。

一番から八番打者まで給料は同じであり、一投一打で上がったり下がったりするわけでもない。個人記録などに意識が向くはずもなく、ベンチにいるメンバー全員が「チームの勝利」という唯一の目標に向かって一枚岩になる。しかも、ペナントレースのように「明日」があるわけではない。負ければ終わりのトーナメントだ。一試合にかける意欲というのは、「144分の1」という気持ちで戦うプロとはまったく異質である。つまり、毎試合オリンピックの予選を戦っているようなものだ。アマチュア野球の醍醐味である。

監督として、あれほどすがすがしい気分で采配をふるえた時期はほかにない。それはプロ野球チームでは味わうことのできなかった、純粋な「フォア・ザ・チーム」の精神であった。

野球を仕事としているプロチームに対して同じような心構えで接することは、当然のことながら不可能である。「個人成績を優先したほうが金になる」という考え方だってあるだろう。思想・信条の自由は日本国憲法で定められた権利である。どうしようもない。しかし、ひたすら個人の権利や思想信条の自由をふりかざすことで本当に豊かな人間社会が築けるとは思えない。

チームのために戦うこと、言い換えればチームを愛するという心情は、他人から押し付けられるものではなく、人として生まれ生きていくうちに本来は自然と身についてくるべきものである。それは親兄弟、家族や故郷を大切に思う気持ちの延長線にある。私が「国を愛しなさい」と教えるのも、それがすべて同心円のなかにある考え方だからである。家族やふるさと、国を愛せない者に「チームを優先させる」ことはできない。そして、そんな人間が増えていけば、組織は必ず崩壊する。

戦後教育の最大の悪は、「個」と「社会」の関係を誤ったかたちで広めてしまったことにあるといわれる。まったくそのとおりだと思う。

「個性」への誤解もそのひとつだ。真の個性とは、他人の承認があって初めて成立するものであり、世のため人のために役に立ってこそ生きてくる個人の特性のことを指すのではないか。自分勝手な行動まで個性呼ばわりされたら、たまったものではない。人の話をきちんと聞けないのも「個性」であり、目的もなく社会のなかをさまようことも「自分らしさ」なのか。

けっしてそうではないはずだ。軽々しくこの言葉をふりかざす連中は、自分の欠点や短所には向き合おうとせず、まるで自分一人で人生を歩んできたかのように振る舞っている。他人に迷惑をかけていることにも気づかず、鈍感に生きている者が多い。

エースや四番という「組織の中心となるべき選手」は、チームの鑑でなければならない。

いくつかの例をひきながら、本書で何度もこの持論を示してきた。

人の手本となり、組織に強い影響を与えていくことは、相当の覚悟を必要とする。損得でいうならば、それを損であると考える者もいるだろう。自分のことだけ考えて、あるいは誰かに引っ張られてプレーしているほうが楽かもしれない。しかし、人間の真の価値は損得を超えたところにある。「個」の枠を乗り越えたところにこそ、本当の生きる喜びがあると、私は信じている。

「やさしい、むずかしい、どっちも本当だ。しかし、むずかしい道を踏んで踏んで踏み越えて、真にむずかしいを苦悩した者だけが本物だ」

文豪・吉川英治が遺《のこ》したこの言葉を、私は常に携えて生きている。この言葉にこそ、人間の歩むべき道が示されている。鑑となるべき人々にも、ぜひその意味を噛みしめていただきたいと願う。

本書に登場する投手のデータ

選手名	在籍年	球団	登板	勝敗（セーブ）	完投（完封）	投球回	奪三振	防御率
金田正一	50～69年	国→巨	944	400-298	365(82)	5526.2	4490	2.34
梶本隆夫	54～73年	阪	867	254-255	202(43)	4208	2945	2.98
皆川睦雄	54～71年	南	759	221-139	101(37)	3158	1638	2.42
稲尾和久	56～69年	鉄	756	276-137	179(43)	3599	2574	1.98
米田哲也	56～77年	阪→神→近	949	350-285(2)	262(64)	5130	3388	2.91
藤田元司	57～64年	巨	364	119-88	70(17)	1701	924	2.20
杉浦忠	58～70年	南	577	187-106	95(18)	2413.1	1756	2.39
足立光宏	59～79年	阪	676	187-153(3)	141(36)	3103	1482	2.91
尾崎行雄	62～73年	東→拓	364	107-83	73(21)	1548.2	1010	2.70
池永正明	65～70年	鉄	238	103-65	92(24)	1477.1	793	2.36
堀内恒夫	66～83年	巨	560	203-139(6)	178(37)	3045	1865	3.27
江夏豊	67～84年	神→南→広→ハム→西	829	206-158(193)	154(45)	3196	2987	2.49
山田久志	69～88年	阪	654	284-166(43)	283(31)	3865	2058	3.18
江本孟紀	71～81年	東→南→神	395	113-126(19)	78(17)	1978.2	1130	3.52
江川卓	79～87年	巨	266	135-72(3)	110(27)	1857.1	1366	3.02
荒木大輔	83～96年	ヤ→横	180	39-49(2)	21(3)	755.1	359	4.80
槙原寛己	83～01年	巨	463	159-128(56)	113(35)	2485	2111	3.19
斎藤雅樹	84～01年	巨	426	180-96(11)	113(40)	2375.2	1707	2.77
桑田真澄(NPB)	86～06年	巨	442	173-141(14)	118(21)	2761.2	1980	3.55
桑田真澄(MLB)	07年	P	19	0-1	0(0)	21	12	9.43
岡林洋一	91～00年	ヤ	175	53-39(12)	31(8)	766	472	3.51
高津臣吾(NPB)	91～03年、06年～	ヤ	598	36-46(286)	4(0)	761.1	591	3.20
★高津臣吾(MLB)	04～05年	WS→M	99	8-6(27)	0(0)	98.2	88	3.38
伊藤智仁	93～01年	ヤ	127	37-27(25)	15(7)	558	548	2.31
★川上憲伸	98年～	中	237	103-67(1)	28(15)	1525	1216	3.29
★上原浩治	99年～	巨	250	106-57(32)	54(9)	1459.1	1304	2.96
★藤川球児	00年～	神	288	21-12(64)	0(0)	405.2	519	2.11
★岩隈久志	01年～	近→楽	129	57-43	32(2)	850.1	652	3.80
★ダルビッシュ有	05年～	ハム	65	32-15	17(6)	451.2	377	2.53
★田中将大	07年～	楽	28	11-7	4(1)	186.1	196	3.82

★は現役投手（2008年3月19日現在）

※球団＝国（国鉄）、巨（巨人）、阪（阪急）、南（南海）、鉄（西鉄）、神（阪神）、近（近鉄）、東（東映）、拓（日拓）、広（広島）、ハム（日ハム）、西（西武）、ヤ（ヤクルト）、横（横浜）、P（パイレーツ）、WS（ホワイトソックス）、M（メッツ）、中（中日）、楽（楽天）

あとがき

私がプロ野球選手になったのは、もう50年以上前のことだ。三百人余りのテスト生の中から採用された4人のキャッチャーの一人だった。

「こんなにキャッチャーばかり採って、何か意味があるんですか？」

という私の素朴な質問に、二軍のキャプテンはこう答えた。

「やっと気づいたか。プロにはピッチャーがたくさん要るんだ。ブルペンで受ける奴がいなければ練習にならないだろ。おまえは実力で入ったと思っているかも知れないが、昨年ブルペン捕手が解雇されて、その補充で採用されたんだよ。3年たったらお役御免だ」

3年で解雇というのは球団の恩情だという。あまり長く引き止めておくと、その後の再就職に障りがあるからだ。

大変なことになった。だが、故郷に帰るわけにもいかない。テスト生だってうまくなれば一軍に上がれるはずだ。

しかし、仕事といえば「カベ」と呼ばれるブルペン捕手。実際には選手ともいえない霞《かす》んだ存在からのスタートであった。

1年目の呉キャンプで、私はプロ野球選手のボールを初めて受けることになる。当時のキャンプはひとつのグラウンドを一、二軍が共用していた。早朝8時からと午後遅くに二軍が練習し、その間は一軍の球拾いをして過ごす。

ある日、一軍の練習中にボーッと立っていたら、「おい、そこのカベ、こっちへ来い」と呼び出された。声の主は、当時の南海ホークスの左腕エース、柚木進さんだった。投球練習に付き合えというのである。

私はあまりの緊張で体が思うように動かなかった。おかげでろくにボールも握れず、悪返球の連続。先輩は見向きもしてくれないので、走ってそのボールをとりに行く。そして、5球と続かず交代を命じられたのだった。

後日の練習ではノーサインでカーブを投げられ、ボールを胸や足で受けてばかりいた。柚木さんはそれを見てクスクス笑っている。意地の悪い人だと思いながらも、「これがプロのボールなんだ」と、教えてくれているような気がした。

私のプロ野球との出会いは、こんな衝撃的な、そして惨めなキャッチャー体験からスタートした。同時にバッターとしても、1年目に9試合出場して11打数無安打、5三振という惨憺《さんたん》たる内容からの船出であった。

私がその後キャッチャーとして、あるいはバッターとして恥ずかしくない実績を残してこれたのは、この原体験があったからだと思っている。プロという「自分の才能だけではとうてい追いつくことのできない恐ろしい世界」で生き抜くために、心技体、そして頭脳のすべてを捧げてきたからだ。自分の短所を正直に受け止め、恥をかきながら、それでも不屈の闘志を燃やしながら立ち向かってきたのである。

また、一流選手との出会いが私を高めてくれたことも忘れない。

一流選手との対決が切磋琢磨《せっさたくま》を生み、次代の一流選手をつくりあげていく。その連鎖が伝統をかたちづくっていくのである。どこかでその流れが途絶えたら、プロ野球そのものが滅びていくことになるのだ。

だからこそ、あふれんばかりの体力と運動神経を持ち合わせながら、伸び悩み、諦めて妥協していく選手がどうしても許せないのである。そういう人間が増殖することは、すなわちプロ野球の存亡にも関わってくる。

そういう「限定人間」は、たとえ野球を離れても同じことを繰り返すだろう。そういう了見は、ひいては社会のためにも害悪であるとさえ思う。限定人間ばかりの世の中になったら、日本という国も衰退していくばかりである。

些細なきっかけが変化を生み、変化が進歩を招く。本書で紹介した選手たちは、みな「感じる」ことで自らを鼓舞し、変わっていった。感性のもつ威力を見せつけてくれた。

感性によって、人間の潜在能力は驚くほど引き出されるのである。

これから何十年、いや何百年プロ野球が栄えていけるか、それはいかに「一流」を生み出し続けられるかにかかっている。


さて、プロ野球界の連鎖、伝統という観点から見て、私は田中将大という投手と出会えたこともひとつの運命だと思っている。出会ったからには、なんとしても私の野球哲学、理論をとことん注入したい。

幸いなことに、このチームには岩隈久志というエースの資質を持った選手がいる。彼は過去3年間、まともに万全な体調でシーズンをまっとうしたことがない。2006年にはルール改正によるフォーム改造を余儀なくされ、さまざまな苦労を重ねてきた。

しかし、08年は体調もよく、今までのマイナスを取り戻す絶好のチャンスがやってきたように思う。

苦労や失敗は人間を成長させる糧である。岩隈にはそれがわかっているはずだ。

岩隈が「チームの鑑」となり、マーくんがその背中を見て育ち、次代のエースとして成長していく――その連鎖が東北楽天ゴールデンイーグルスの伝統をつくり、そうした選手たちが日本プロ野球の歴史をつむいでいくことを、私は切に願っている。

野村克也　選手成績

年度	球団	試合	打数	安打	得点	本塁打	打点	四球	死球	三振	打率
1954～80年	南海→ロッテ→西武	3017	10472	2901	1509	657	1988	1252	122	1478	.277

※主なタイトル／三冠王１回（1965年）、首位打者１回（1965年）、本塁打王9回（1957年、1961～68年）、打点王７回（1962～67年、1972年）

野村克也　監督成績

年度	球団	試合	勝	負	分	勝率	チーム打率	チーム防御率	得点	失点	順位
1970年	南海	130	69	57	4	.548	.255	3.43	589	510	２位
1971年	南海	130	61	65	4	.484	.260	4.27	614	612	４位
1972年	南海	130	65	61	4	.516	.253	3.48	512	511	３位
1973年	南海	130	68	58	4	.540	.260	3.35	508	493	優勝
1974年	南海	130	59	55	16	.518	.246	3.06	504	460	３位
1975年	南海	130	57	65	8	.467	.246	2.98	524	478	５位
1976年	南海	130	71	56	3	.559	.259	2.91	489	431	２位
1977年	南海	130	63	55	12	.534	.250	3.15	502	471	２位
1990年	ヤクルト	130	58	72	0	.446	.257	4.24	529	609	５位
1991年	ヤクルト	132	67	63	2	.515	.259	3.93	544	551	３位
1992年	ヤクルト	131	69	61	1	.531	.261	3.79	599	566	優勝
1993年	ヤクルト	132	80	50	2	.615	.263	3.20	622	475	優勝☆
1994年	ヤクルト	130	62	68	0	.477	.250	4.05	486	585	４位
1995年	ヤクルト	130	82	48	0	.631	.261	3.60	601	495	優勝☆
1996年	ヤクルト	130	61	69	0	.469	.264	4.00	536	560	４位
1997年	ヤクルト	137	83	52	2	.615	.276	3.26	672	503	優勝☆
1998年	ヤクルト	135	66	69	0	.489	.253	3.69	493	548	４位
1999年	阪神	135	55	80	0	.407	.259	4.04	490	585	６位
2000年	阪神	136	57	78	1	.422	.244	3.90	473	591	６位
2001年	阪神	140	57	80	3	.416	.243	3.75	467	598	６位
2006年	東北楽天	136	47	85	4	.356	.258	4.30	452	651	６位
2007年	東北楽天	144	67	75	2	.472	.262	4.31	575	676	４位

※1970～77年は選手兼監督　　☆は日本シリーズ優勝

知識が広がる、会話が広がる！
現代人の新たなアイコン!!

Click シリーズ

知にアクセス、クリックシリーズ

好評発売中！

組織にとって真のエースとは？ 名将が語る「超一流」の哲学!!

エースの品格
一流と二流の違いとは
野村克也

●四六判／208頁
ISBN978-4-09-387778-7

50年以上にわたりプロ野球界を見続けてきた著者が考える、真のエースとは。稲尾、杉浦、江夏など往年の名投手からダルビッシュ、田中将大まで、「エース」のエースたる所以を語る。

人間関係の裏側にフェロモンあり。
最新研究でわかってきた驚異の世界!!

なぜあの上司は虫が好かないか
ヒトを操るフェロモンの力
市川眞澄（理学博士）

●四六判／208頁 ISBN978-4-09-387779-4

ナニワのカリスマ添乗員が明かした、
売上を伸ばす超実践的ビジネスメソッド！

7億稼ぐ企画力
平田進也（日本旅行添乗員）

●四六判／176頁 ISBN978-4-09-387781-7

小学館

野村克也（のむら　かつや）

1935年6月29日、京都府に生まれる。54年、京都府立峰山高校からテスト生として南海ホークスに入団。3年目から正捕手に定着。65年に戦後初めて三冠王に輝く。70年、選手兼監督に就任。後にロッテ・オリオンズ、西武ライオンズでプレーし、80年のシーズンを最後に引退する。三冠王1回、MVP 5回、首位打者1回、本塁打王9回、打点王7回など、タイトル多数。89年、野球殿堂入り。90年よりヤクルトスワローズの監督として現場復帰。弱小球団を三度日本一へと導いた。99年、阪神タイガース監督に就任。3年間監督を務めた後、02年、社会人野球シダックスのゼネラル・マネージャー兼監督に。06年、東北楽天ゴールデンイーグルス監督に就任する。

Click シリーズ

エースの品格 一流と二流の違いとは

2008年5月19日　初版第1刷発行

著者　野村克也
編集人　佐藤幸一
発行人　佐藤正治
発行所　株式会社小学館
〒101－8001 東京都千代田区一ツ橋2－3－1
電話　編集　03－3230－5724
　　　販売　03－5281－3555

デザイン　森デザイン室
印刷所　共同印刷株式会社
製本所　牧製本印刷株式会社
©KATSUYA NOMURA 2008 Printed in japan
ISBN 978-4-09-387778-7

造本には、十分注意しておりますが、万一、落丁、乱丁などの不良品がありましたら、「制作局」（TEL 0120-336-340）あてにお送りください。送料小社負担にてお取り替えいたします。（電話受付は土・日・祝日を除く9時30分～17時30分までとなります）Ⓡ〈日本複写権センター委託出版物〉本書を無断で複写複製（コピー）することは、著作権法上の例外を除き、禁じられています。本書をコピーされる場合は、事前に日本複写権センター（JRRC）の許諾を受けてください。　JRRC〈http://www.jrrc.or.jp eメール:info@jrrc.or.jp 電話03-3401-2382〉